JN246519

ネガティブ思考があっても

最高の恋愛・結婚を叶える方法

執着心ですら
引き寄せ力に変えられる！

引き寄せ実践法アドバイザー
メンタルコーチ　MACO

WAVE出版

To find
true love

はじめに

宇宙は、あなたを「繁栄の方向」にしか導かない

引き寄せ実践法アドバイザー・メンタルコーチのＭＡＣＯと申します。私の本を手にとってくださり、ありがとうございます。

まず最初に、とても大切なことを１つ、お伝えしますね。

世界に起きる現象はすべて、「私たちが今より良い方向に導かれるためにだけ」起こる、ということです。

これは、大いなる宇宙の、基本的な仕組みです。

あなたが「私は不幸になりたいの！」と思っていない限り、宇宙のエネルギーは、勝手に好転するように動く仕組みになっています。

なぜなら宇宙は、繁栄のエネルギーでできているからです。

とはいっても、結婚したいのに出会いがなかったり、大好きな人に振られてしまったり、復縁がうまくいかなかったり……そんな出来事もあるからこそ、この本を手にとってくださったのかもしれませんね。

でも、安心してください。

それらはすべて、最後はベストパートナーとつながって、幸せな恋愛・結婚に行きつくためのプロセスです。

私もこれまでの人生で、なんだかうまくいかないなあ、と感じた恋愛もありました。相手に強く執着したり、大好きな人とお付き合いできているのに、彼を失う恐れや不安から余計な行動を起こしたり。

昔、当時の彼とうまくいかなかった時期には、自力で悩みに答えが出せず、電話占いにハマってしまったこともありました。納得いく答えをくれる占い師さんに出会うまで、たくさんの占い師さんを渡り歩きました。毎晩毎晩、電話をかけては、コツコツと貯めていた貯金をどんどん減らし、気持ちもすり減らしたのです。

それでも、そのなかから学びがあったおかげで、どうすれば良いパートナーシップを築けるのか、わかるようになりました。今では、恋愛のことで不安に思うことは1つもありませんし、毎日幸せです！


もちろん、できれば辛いことはないほうがいいですよね。ただ、幸せになる過程で、どうしてもその体験が必要な場合があるのです。

心の痛みを体験することで、人は本当の愛や、自分の隠れていた本心に気づくことがあります。ないと思っていたものが、実はすでにあったことに気づく人もいます。

そうやって、以前と変化した自分になってから新しく出会った恋愛・結婚では、必ず幸せになれます。これは絶対です。


今パートナーがいない方も、好きな人がいるけどまだ結ばれていない方も、パートナーとうまくいっていない方も、大丈夫。

「幸せな恋愛・結婚をする」と決めて、心から湧いてくる感覚に素直に従い、行動し続けてさえいけば、必ず良い出会いはやってきます。

とはいえ、常に前向きでいるのは難しいのが、人間という生きものです。

「いわゆる『引き寄せの法則』だと、ネガティブな感情はネガティブな出来事を引き寄せてしまうらしいし、そのとおりなら、私はやっぱり幸せになれなそう……」

こんな不安も、よく耳にします。

この本では、ネガティブな感情と上手に付き合い、どんどん引き寄せエネルギーに変えていく方法も、しっかりと説明していきます。

なお、この本は、「とりあえず恋人を作る」「とにかく結婚をする」ことを、最終ゴールとはしていません。

ベストパートナーと結ばれて、一生穏やかで、満ち足りた気持ちで過ごせるようになるまでの実践法をお伝えしたいと思います。

「宇宙は繁栄の方向にしか動かない」

このことを最初に脳に刻んでから、ゆったりと読み進めてくださいね。

CONTENTS

CHAPTER

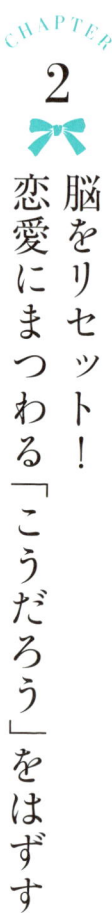

2 脳をリセット！恋愛にまつわる「こうだろう」をはずす

CHAPTER 3

こう動くと、ベストパートナーとガチッとつながる

CHAPTER 4

執着を、引き寄せエネルギーに転換する

CHAPTER 5

復縁で、前よりもっと幸せになる

CHAPTER 6

恋愛引き寄せを加速する！ Q&A

SPECIAL ★ CHAPTER

波動を上げる！ アファメーション

おわりに

CHAPTER 1

幸せな恋愛・結婚は、あなたが「決めれば」やってくる

To find
true love

「決める」と未来が「定まる」

「幸せな」恋愛・結婚という言葉、よく耳にしますよね。

これをＭＡＣＯ流の表現にすると、「満ちた」あるいは「満ち足りた」恋愛・結婚となります。

恋愛において「満ち足りた」状態とは、相手を失う恐怖、疑い、将来への不安などにとらわれることのない状態です。大好きな人と一緒にいる幸せを、ただただ、ゆったりと感じられる状態、ともいえるでしょう。

さて、この「満ち足りた」状態を創造するモトはどこにあるのでしょうか。

それは、私たちの内側（意識）なのです。

どこか外にあるのではなくて、私たちの内側。実はこんな近くにあるんですよ。

現実は「素粒子」の動きで創られる

「満ち足りた」状態が私たちの内側から生まれる。

この仕組みを整理するために、まず少し、量子力学という物理学の話をします。

なぜ物理学の話？　と思われるかもしれませんね。でも、この仕組みは、きちんと科学的に説明できるんです。


さて、物理学の基本として、この世にあるものはすべて、一番小さく分解すると「素粒子」という粒になる、とされています。

そして、この粒の正体とは「エネルギー」です。この世界にあるものは、目に見えるものも見えないものも、全部この粒＝エネルギーでできているのです。

たとえばあなたの体やペットボトル、水、そして目に見えない意識や思考までも、分解すると、結局「素粒子」という粒になるのです。

そして、ここからがポイント。

「素粒子は、人間が見る（意識を向ける）ことで、形となって現れる」、そういうプロセスがあるのです。

たとえば、あなたの目の前にペットボトルがあるとします。

それを量子力学的に説明すると、「あなたが〝目の前にペットボトルがある〟と意識を向けるから、そこにある」となります。「〝ペットボトルがそこにある〟から、目に入る」のではありません。

なんとなくでも、イメージをつかんでいただけましたか？

これを、恋愛・結婚の話に応用すると、あなたが「私は、満ち足りた恋愛・結婚をする！」と意識を向ければ、そのように素粒子が動き、望む現実を創り出しはじめる、となるわけです。

あなたが「決めれば」、引き寄せは叶う

恋愛・結婚に限らず、「私はこうなる！」という良い波動の意識を向けると、そのエネルギーと似た、良い現実がやってきます。逆に良くない波動の意識を向けると、良くない現実がやってきます。

このように「自分の発した波動（周波数）と似たものが寄ってくる」こと、言い換えると「似た波動のものが引き寄せ合う」ことが、いわゆる「引き寄せの法則」なんですね。

私たちの「こうする、こうなる！」という意図の意識には想像以上の力があり、モノや状況もないところから新しく「創造」する力があることが、おわかりいただけたでしょうか。

だから、「自分がどんなふうになりたいか」を決めることは、願いを叶えるための大事な第一歩なのです。

さて、さっそく決めたくなりましたか？

恋愛だって、引き寄せられる！

この本を読んでくださっているのはきっと、最高の恋愛・結婚を引き寄せたいという思いがあるからだと思います。

ただ、恋愛は相手があるお話なので、自分だけでコントロールはできません。だからこそ恋愛をテーマにした引き寄せは、お金や仕事などの引き寄せテーマと比べて、不安が強く起きやすく、悩みも深くなる傾向がありますね。

でも、恋愛引き寄せだけ特別な引き寄せというわけではないのです。ほかの引き寄せテーマと同様、覚悟をもって、こうなりたいと「決める」ことが基本です。

あなたが最高の恋愛・結婚を本気で手に入れたいのなら、ちゃんと叶うのです。

私は、起業して2年余りで、すでに数千人以上の方とお会いしてきました。なかでも恋愛のご相談は多く、とにかくいろいろなケースがありました。

振り返ってみると、恋愛に関するお話は、ネガティブな感情が強く出やすい方が多いな、と感じます。でも、不安や迷いはあっても大丈夫。その感情と上手に付き合えば、道は必ず開けます。

もしイヤな出来事があってテンションが下がり、いったんエネルギーの質が下がってしまっても、修正して、良い波動を保つ方法はちゃんとありますす。

このあとじっくり説明していきますので、ご安心くださいね。

To find
true love

「私、今日、結婚してもいい」と言える人が結婚できる

「最高のパートナーシップのある人生を創るぞ！」と決めれば、必ず叶う。

先ほどそうお話ししましたが、ここで重要なのが、「決める」にあたって本気の「覚悟」が必要ということです。

パートナーがほしいという気持ちは本当だから、当然、覚悟はありますよ。そう思われるかもしれませんが、意外とここは、つまずきやすいポイントなのですね。

なぜなら「覚悟」とは、「幸せを受けとる覚悟」のことだからです。

つまり、どんな自分の感情や姿も受け入れて、私はこれでヨシ！　と思えていてはじめて、覚悟ができているということになるんですね。

さて、あらためてあなたへの問いかけです。

あなたは、幸せを受けとる覚悟ができていますか？


今の私は、素敵な人にふさわしくないかも……なんていう思いがもし胸の奥にあるとしたら、それはまだ、覚悟が足りません。

どんな自分も否定せず、「私は大好きな人からそのまんま、まるごと愛してもらえる価値がある」と決めてくださいね。

「いつか叶える」は卒業する

今の自分のエネルギー状態が、すぐその次の現実を創ります。

だから、パートナーシップについては「たった今、急に彼氏ができてもいい！」「今すぐ結婚しちゃってもいい！」と、ためらいなく言えるくらいの意識でいないと、現実を動かすほどのパワーが生まれてこないのです。

引き寄せが起こる作用点は、常に「たった今」が基準。「いつか」と思っていると、それは「いつか、未確定」で終わってしまいます。

こうお話しすると、「自分にとってベストな時期に叶う」と決めている方は迷うかもしれませんが、この場合も、今すぐ「叶うとき」のエネルギー状態にならないと、プロセスは起きてこないのです。

「いつか叶える」という意識から卒業し、「たった今そうなった」エネルギーにシフトしてください。**たった今、彼氏ができたらドキドキしちゃうなー。こう感じた感情こそが「その状態のエネルギー」です。**

難しく考えなくても、今すぐそれが叶ったら、私はどんなにドキドキするだろう、というドキドキやワクワクを感じていればOKです。

いつ幸せが来ても大丈夫！　遠慮せず、きちんと幸せをキャッチします！

そう決意したとき、すでに一瞬、叶った世界の周波数になれています。この感覚をずっと感じられる世界を、目の前の物理次元（3次元）に開いていきましょう。

To find true love

自分が整うと、恋の歯車が回りだす

スタートは、自分への否定を手放すこと

「私はこれでヨシ！」、そう思うことが大切な理由は、ほかにもあります。

というのも、自分の何かを否定していると、そこにスポットを当てて否定的な言葉をかけてくる人を引き寄せやすくなるのです。

たとえばあなたが、私はもう○歳だからダメ、という否定的な思いを持っているとします。すると、「あなたは○歳だから、もう無理よ」と言ってくる人が現れます。

なぜか？　**似たような思考をしている人の、好ましくない周波数に同調してしまうのですね。**

ほかにも、見た目や性格、自分の置かれた環境についてなど、とにかく「私のここがダメ」と否定していると、そこがいけないと思わされるような出来事を、見たり聞いたりするようになるのです。

つまり、幸せな気持ちでいっぱいの満たされた恋愛・結婚をしたいなら、まず絶対的に、自分が自分の否定をやめることから、なのです。

コンプレックスを指摘される現実ばかり続いたら

自分に対してここがダメ、あれがダメ、この条件がいけない、という否定をひとつひとつやめていくと、現実は少しずつ変わりだします。

周りからの扱いを変えたければ、私は今のままでも、すでに十分価値があると思ってあげましょう。そして、自分で自分を宝物のように、価値がある人間として扱いましょう。

自分で自分を大切にすればするほど、パートナーも、あなたのことを心から大事にしてくれます。

自分が否定感を持っているところ（コンプレックス）を指摘されてばかりだな、と感じる方は、胸の内に、自分自身への否定がひそんでいないかどうか、振り返ってみてください。

見つかれば、「それをやめる！」と決意するだけで、変化していきます。

恋愛引き寄せをはじめる前に、まず、この段階は卒業してしまいましょう。

「今」が良ければ「次の今」も良い

そこからさらに、自分の内側を整えるための具体的な話に入っていきます。

現実を変える実践法も合わせて解説していきますので、ぜひ実際に、やってみてください。

やらないと、変化は体感できません。頭でわかっているのと、行動して体で理解するのとでは、理解度は天と地ほどの差があります。

さて、理想のパートナーと出会いたい方は、今日から「たった今」だけに生きてくださいね。

この「たった今」とは、時間とか、今日この日のこととかを言っているわけではないんです。

「今ここ」を生きるとは、「本当の自分に立ち戻る」ということ。今の自分が素直に感じている心の感覚に、常にフォーカスするということです。

悲しい過去をしょっちゅうほじくり返して感傷にひたったり、将来こうなったらどうしようと、先のことを必要以上に不安がったり……そんなふうに、本来まったく出さなくていいエネルギーをむやみに放出することを、できる限り避けていただきたいのです。

こういったことをやりすぎると、願いを叶えることに使えるエネルギーが減ると思っていてください。

なんども言いますが、「今」の波動（エネルギー）が、「次の今」の現実を創ります。

裏を返すと、「今」のエネルギー以外が「次の今」を創ることはできないのです。

冒頭で説明したように、これがいわゆる「引き寄せの法則」です。

自分のエネルギー状態と似たような現実が来るというルールは、裏を返せば「今の自分」が良ければ「次の今の自分も絶対良い」ということ。

もし迷ったり、気持ちが強くブレそうになったりしたら、

「私は本当はどうなりたいんだっけ？」

「過去や世間の常識はさておいて、次、どんな未来が見たいんだっけ？」

と、自分に問いかける癖をつけてみてください。

自分の本心を揺さぶる、質の良い質問を投げかける習慣は、自分の中心にブレない軸を作るパワフルなワークです。これをセルフコーチングといいます。

To find true love

ネガティブがあっても、エネルギーは高められる

「やりたいことをやる」のは、基本中の基本

「徹底的に」今だけを生きて、今を満たすことが、エネルギーを高める秘訣だとお話ししました。

今を満たすというと、「自分のやりたいことをやる」というのがメジャーな方法として知られていますよね。「それ、なんども聞いたし、もうやってるよ」と思う方もいらっしゃるかもしれませんね。

食べたいものを食べてみる。

ごほうび的に、ちょっと高い服やカバンを買ってみる。

ボーナスで海外旅行に行ってみる。

新しい仕事にチャレンジしてみる。

何もしたくない日は、思いきってグータラしてみる。

100人いれば100とおりの「自分満たし」方法があるかと思います。

こういった、自分が自分に与えることの「満たし」実践は、もちろんおおいに効果があります。

やりたいことをやっても、イマイチうまくいかないときは

あるクライアントさんから、こんなご相談を受けたことがあります。

「服も、ランチも、本当に好きなものを選んでいます。それにこの間は、ずっと憧れていた海外旅行もしてみたんです。でも、私が一番ほしい、彼氏だけができないんです……。なぜでしょうか？　こんなにちゃんと、自分満たしをしているのに！」

このクライアントさんと同じように、感じたことはありませんか？

やりたいことをやっているのに、状況が動かない感じがする。

あるいは、もちろん楽しいことは楽しいのだけれど、どこか空しくてモヤモヤする、という状態です。

そんなときにまずやっていただきたいのが「自己の受け入れワーク」です。

このワークはとても簡単です。最初は、これを徹底的にやってください。

何をするかというと、もう一度、心の声、深ーいところの声に、耳を傾けてあげるんです。

「いろいろやっても今、すっきりしてないんだね」

「で、本当は、どうなりたいと思ってるの？」

など、言葉はそのときの感覚で大丈夫です。

とにかくじっくり、聞いてあげてください。

どんなネガティブ感情も、無視せず、包みこんであげるところからスタートするのです。

いくつか、例をあげてみます。

●好きなことをしても、好きなものを食べても、すっきりしないとき
←「すっきりしないんだね。そう思っちゃうんだね。それでもとりあえずＯＫ！」

「私はすっきりしないと思ってるんだなあ」

「もう、気持ちを抑えなくて大丈夫だよ」

●焦りなどの強い感情が、心の内側で暴れてしまうとき
←「現実が思うように変わらなくて、焦ってるんだね」
「私は今、焦っているんだなあ」

まず胸に手を当てて、「さあ、私の心、静かになろうね……」と言葉をかけてあげ

てからはじめるといいですね。静か、とは穏やか、楽(らく)ということです。受け入れが完了すると、シューッと空気が抜けてしぼむような脱力感を感じる方もいます。

例を示しましたが、自分にとってより心地良い言葉があれば、自由にアレンジしてOKです。

簡単すぎる、そう思った方もいるかもしれません。

でも、徹底的にやればやるほど、エネルギーアップにものすごい効果を発揮するのが、このワークなんです。

なぜなら、「受け入れてはじめて」、そのモヤモヤした感情エネルギーは、「終わって」いくことができるからなんです。

だからこそ、もやっとしたときにはワークを繰り返す、この習慣をつけることが重要です。

ネガティブは「受け入れ、終わらせ」て「次、どうしたいか」に変えていく

先ほどのクライアントさんにも、「自己の受け入れワーク」を、一定期間、しっかりとり組んでもらったんですね。

とはいっても、毎日の義務ではなく、ドーンと落ちこんだとき、モヤモヤするときに、です（もちろん毎日やっても問題はありません、好きずきです！）。

そうやって、自分の本心に耳を傾けてみたら、

「この服は可愛い……でも、本当は、デートで着たい！」

「高級レストランのランチはおいしい……だけど、やっぱり、彼氏と食べたい！」

こんな声が、心の奥からじゃんじゃん出てきたそうです。

ここからがすごく大事なことで、先ほどもお話ししたとおり、「受け入れる」とは、イコール、それが「終わる」ということなんです。

受け入れ、認めた段階で、そのことは「終わり」ます。外に出す＝終わる。

逆にいうと、「受け入れない」と「終わらない」のです。モヤモヤを無視していたら、ずっとそこに居座り続けるか、下手すると、現実が良い方向へ動くのを邪魔してきます。


心のモヤモヤは、専門家のカウンセリングやヒーリングの技法を受けることでも軽くすることは可能ですから、利用するのもいいかと思います。

ただし最後は、自分で自分の感情を受け入れることでしか、きちんと完結しません。

だからやっぱり、自分自身で、今の状況をいったんヨシ！　と認めることが、絶対に必要なんですね。


受容が終われば、あとは進化・変化が自動的にやってきます。

早い方であれば数日で、感覚が変わってくるのがわかるはず。

感覚が変わるのはエネルギーが変化しているということなので、その変わった波動で「次の良き今」の現実が開いてくる、というわけです。

だいたいこのタイミングで、「次、どうしたいか?」というところへ意識を向けることをやってください。

1. ネガティブが出る
2. 受け入れて終わらせる、小さくする
3. 「次、どうしたいか?」に意識を向ける(思考のエネルギー転換)

整理するとこういう流れになりますが、2から3へ移るとき、2の作業が徹底的になされていないと3がうまくいきません。

ポイントは、2に一番時間を割くことと、しっかり満足するまで、自分の心の声を聞いてあげること。

こうして思考のエネルギー転換をできるところまで、ネガティブのパワーを小さくするのです。

1から3の作業は習慣にしてしまうといいです。

繰り返しているうちに、この一連の作業を無意識でやっていけるようになります。

習慣が変わらないと、現実も変わらないのです。

先ほどのクライアントさんは、2の感情受容に、わりと時間がかかりました。でも焦らなくていいので、感情が暴れているうちは、自分にヨシ！　と言って、心の声を徹底的に聞いてあげることだけ、してもらいました。

すると、だんだんと変化が出てきました。まず、「私にはどうして彼氏ができないの!?」と、自分を責める思いが湧いたときも、「あ！　これは違う、違う。次にどうなりたいか、だったな」と、思い直すことができるようになりました。

そしてさらに「とりあえず今日は、音楽を聴いて、リラックスしようかな」と、上手に気分転換できるようになったのです。

気分転換＝周波数転換です。ここまで来たら、ほしい未来はそばまで来ているというサインです。

彼女はさらに、仕事の人間関係が良い感じになってきた、という変化が起きたあと、「とくに根拠はないけれど、パートナーがやってくる！」と思えたそうです。そしてすぐ、「彼氏ができました！」と、嬉しそうに報告をしてくれました。

To find true love

パートナーがいないことも、否定しない

さてここで1つ、大切な「前提」を確認したいと思います。

あなたは今、パートナーがいないことを否定していませんか?

「彼氏ができる気がしないんです……」

「ずっとこのまま、結婚なんてできない気がします」

「好きな人もいなくて辛いです、毎日寂しいです。もうイヤです」

「どうせまた同じことの繰り返しだと思います……」

こんな言葉を、無意識に毎日、たれ流しにしてはいませんか?


たしかに、こんな言葉を吐き出したいときもありますよね。

そんなときは、たとえ口に出してしまっても、すぐ「吐き出したから、もうおしまい！　終わったよ！」と、一度完結させてしまいましょう。そして、下がっていたエネルギーを、きちんと上げ直すことが大事です。今のエネルギーが次の今を創る、でしたよね？

他人や環境など、周りからとんでくるエネルギーさえうまく対処できれば大丈夫だと思っているなら、それは誤解なのです。

実は、自分が自分を縛っているエネルギーが、一番手ごわいのです。

頭では理解しているつもりでも、「私はダメ」「私のこの状況はダメ」なんて言葉を日々繰り返していれば、それは自分で自分に言い聞かせ、脳に刷りこんでいるのと同じこと。だから、現実がまったく動かない状態が延々と続くのです。これが法則です。

恋愛引き寄せ　リアル・ストーリー

CASE 1

理想ドンピシャの相手とのご結婚（Mさんからのシェア）

これは、私の仲良しの友達の実例です。

理想ぴったりの相手と出会えた方はたくさん見てきましたが、彼女の理想の内容はとくにユニークだったので、印象に残っています。

✦
✦
✦

私の旧姓は、字画が多く、めずらしい名字だったんです。

それで、小学生のときは「結婚したら、字画が少なくて、世の中によくいる名字になりたい！」と思っていました。

なかでも井上という名字にピンときて、絶対井上さんと結婚すると、根拠なく決めたんです。字画が少なく、さらっと綺麗に書ける名字だから、気に入ったんですね。

それから、この引き寄せ設定のことは、すっかり忘れていました。でも、20代前半に井上さんと結婚したとき、そういえば小学生のころ、「名字が井上さんの人と結婚する！」と決めていたことを思い出したんです！
もちろん、彼から「結婚して！」と強く望まれて結婚したので、幸せでしたね。

「こうなると決めたあと、願いを握りしめないで流れにまかせておいたら、ベストなタイミングで宇宙が届けてくれていた」という、とても面白い実例でした。
この引き寄せが叶ったポイントは、この「決めて、手放したこと」。願いを撤回しなければ、決めたことは叶うほうへ動きます。彼女はいったん忘れてしまったことが「手放す」ことになって、自然にゴールのタイミングを受けとったのですね。

そして名前にこだわるというのはあまりないと思いますが、何にワクワクするかは人それぞれ。

こんな要素がくっついてきたらさらに幸せ！　というポイントがある方は、ぜひ願う内容を決めるときに、それらを入れこんでおいてください。面白い引き寄せが起きてくると思いますよ。

CHAPTER 2

脳をリセット！
恋愛にまつわる「こうだろう」をはずす

To find
true love

どの情報を採用するかは、自分で選べる

恋愛・結婚を含む、人間関係の引き寄せについてはとくに、「○○ってこうだろう」という思いこみから抜けていくと、状況の好転が早くなります。

何かを無意識に「こうだろう」と決めつけてしまうのは、人それぞれの脳の「癖」なんですね。癖だからこそ、気づけば、矯正することも可能です。

恋愛・結婚については、さまざまなメディアで「男性はこういうもの」「こういう場合には、こうするのが普通」というデータやアンケート結果が載っています。

これらの情報は、さも世の中の人全員の意見であるかのような表現で発信されることも多いです。だからこそ、何の疑いもなく「そりゃ、そういうものだよね」と思い

こみやすいんですね。

でも、「幸せな恋愛・結婚を手に入れる」と決めた方は、今日から新しい習慣を身につけましょう。世間の情報は、単なる読み物として（情報として）、参考程度に楽しむにとどめてください。

データやアンケート自体がいけないわけではありません。ただ、自分のなかでのとり扱いを誤ると、良くないのです。

どの情報を採用するかは、自分で決めるのです。

ここはやはり練習が必要なところなのですね。

まずは自分の脳内で、「年齢と恋愛・結婚は関係ない」と、これまでのデータの書き換えをすること。

そして、「外の情報に引っ張られない自分になる」と決めて過ごすこと。

たとえば「35歳を過ぎたら、出会いはない」という情報があったとして、それを信じてもいいわけですが、心に聞いてみて、ワクワクしますか？

しないのであれば、「その情報は、私は捨てる！」と決めることです。

そして、いったん決めたら、たとえまた耳にすることがあっても、「私はその次元にはいかない」と決め直すことです。

決め直すことで気持ちのブレが減り、だんだん強い軸が育ってきます。

自分の中心に軸が定まれば、周りで何を言われていても関係ないよ、というスタンスで過ごすこともできるようになります。

だからこそ、今ここで、「他人の目、声から自由になる」と決めてください。

ここから先は、よく見かける「こうだろう」という制限について解説し、不要な思いこみから解き放たれるためのお手伝いをしていきたいと思います。

To find true love

年齢に対する「こうだろう」をはずす

いつだって、私は今の年齢が最高で新しい

年齢に対する思いこみは、若い世代にはないと思っておられる方も多いのですが、ご相談を受けていると、そんなことはありません。

20代なら20代の、30代なら30代の、40代なら40代の、それぞれの年齢に応じた「こうだろう」があるんです。

たとえば、「私は29歳ですが、パートナーがいません。この年で相手がいないと、もうなかなか見つからないですよね？」と言う方がいらっしゃいました。でもこれ、39歳の方も40代以降の方も、同じことをおっしゃっているんです。

ようするに、そのときの自分の年齢が「限界値」だととらえている方がとても多いということなんですね。

この場合は年齢がどうのというよりも、「いつも私は限界の地点にいる」という思考自体が、現実を動かさない原因になっています。


しかし本来、人はいつも「今」が一番新しく、最高の状態なのです。

これを量子力学の視点から、あらためて解説します。

エネルギーの世界において、私たちの体は、目に見えないものすごいスピードで、毎瞬、生まれては消えて、再び創造されて、ということを繰り返しているといいます。

つまり、今の私はいつも一番新しい私、が存在しているということ。


私はいつも、最新にアップデートされた自分で生きているものなのだ、と思っていてください。


だからこそ、恋愛や結婚をするのに、年齢は関係ない、ということ。

出会う人は、何歳であっても必ず、ベストパートナーに出会えます。逆にいうと、若いからといって出会えるとも限らないのです。

こういうことは人による、というのがぶっちゃけた正解です。

年齢のせいで恋愛・結婚がうまくいかない、と思いこんでいる方は

「何歳の時点でも、私は今が一番新しく、最高の状態を生きている」

と、つぶやいてみてください。

これは強力なアファメーション（エネルギーを上げる言葉を自分自身に語りかけること）です。

To find
true love

年の差に対する「こうだろう」をはずす

私たちは、エネルギーで恋をする時代に生きている

相手との年の差や、自分の年齢が気になるときほど、思い出してほしいことがあります。

それは「人はエネルギーレベルでつながるのだ」ということ。スピリチュアル的にいうと、「魂の年齢でつながる」と説明できます。

そして「エネルギーレベルで惹かれ合う魂のパートナーとは、必ずうまくいくことになっている」ということです。

ずっと昔は、結婚＝政略結婚、もしくは生活の安定のためにするもので、自分の幸せのためにするものでないこともありました。

でも、今は違います。今は、自己実現がテーマの時代。衣食住を満たすことが最たる願いではなく、「自分らしい幸せを実現する」ということを最大のテーマとして生きる人が、圧倒的に多いです。

だからこそ、自分はこれが好き！　というものを遠慮なく選び、どんな状況、条件があっても「好き」を軸に生きることを練習していいのですよ。そのほうが人生がうまく流れます。

パートナーも同様に、私たちは自分の意思で、エネルギーレベルでしっくりくる相手とつながることができるのです。

ここで知っておいていただきたいのが、意識（魂）のエネルギーは、年をとらない、もしくは年齢の枠がない、ということです。

20歳の男性と40歳の女性のエネルギーレベルがピタッと合うこともあれば、逆に、40歳の男性と20歳の女性のエネルギーレベルがピタッと合うことも、当然あります。

人はすぐ、肉体年齢にだけ意識を向けがちです。これも脳の癖です。

でも、なんども申し上げたように、ベストパートナーとは、肉体年齢が合う相手ではなく、エネルギーレベルが合い、魂でつながれる相手のことです。

だからこそ、肉体年齢がどうの、ということは、最初から気にする必要がないのですね。

この人といると心地良いな、と感じる相手が、想像もつかなかったタイプの人だったというケースがあるのも、人はエネルギーでつながるからこそ起こることです。

また最近は、男性がうんと年上、あるいは女性がうんと年上など、肉体年齢を基準としないパートナーシップのカップルがたくさんいらっしゃいます。これも、そういうことなのですね。

私のクライアントさんのなかにも、たくさんこのようなケースがあります。

自分が好きになった人がベストな相手です。

そこに年齢のへだたりがあるからどう、という枠はいらないのです。

もちろん、何歳くらい年上、あるいは年下がいいな、という希望があれば、肉体年齢で引き寄せ設定を決めてもかまいません。**人それぞれ、自分の好きなように意図したらいいのですね。**

◆年の差のある恋愛は難しい、と思いこんでいる方は

「自分が好きになった人がベストな相手」

「エネルギーレベルで惹かれ合うパートナーとは、必ずうまくいく」

と、つぶやいてみてください。

To find
true love

過去の体験に基づく「こうだろう」をはずす
シフトさせたい人生は「線」ではなく「点」でとらえる

クライアントさんとお話ししていて思うのは、すぐ過去に立ち戻る思考をする人がとても多い、ということです。

「以前こんな人と付き合っていて、こんなふうにお別れして……。だから同じ不安が湧きます」とか「また同じことが起こったらと思ってしまいます」とか、過去と、今ここを、良くない「線」でつないでいる思考パターンです。

楽しい、心地良い出来事を思い出して立ち戻るならまだいいのです。しかし、たいていイヤな出来事に戻るのですね。

「あのころは良かった……」なども、その一種です。「あのころ」より今のほうが良

くないと思っているので、そのまんまの現実が、次にもやってきます。

ここでもう一度、量子力学のおさらいです。

エネルギーの世界において、私たちは毎瞬、生まれては消えて、再び創造されてということを繰り返していると、ついさっきお話ししましたね。

だから、どの瞬間も「一番新しい私」であって、過去に影響されることは本当はないのです。ただ「影響がある」と思っているから、そうなってしまうだけのこと。

良い出来事については、「前にもこんな良いことがあったんだから、そんなことがまた、なんども起きていい」と意識しておいたらいいです。

でも、二度と起きてほしくない過去の出来事と今をつないでいる限り、それはいつまでも、自分の世界に創造されてしまいます。

人生を「線」でなく「点」でとらえて、毎瞬毎瞬、新しく生まれているというところへ意識を持っていく練習を続けましょう。

◆昔こうだったから、またうまくいかないかも、と不安になりがちな方は

”「過去は過去、今は今、分断されている」“

と、つぶやいてみてください。

To find true love

出会い方に対する「こうだろう」をはずす

脳は「見たいものだけ見ようとする」仕組み

「仕事が忙しいから、恋人ができなくて……」

「女性ばかりの職場だから、出会いがないんだよね」

そんなお悩みを、よく耳にします。たしかに、恋人ができやすい環境と、そうではない環境というのは、あるかもしれません。

でも、今の時代、家から出なくても恋人を見つける人だってたくさんいます。今はインターネットも発達しているので、婚活サイトを通じた出会いなどもありうるでしょう。

見極めはもちろん大事です。でも、たとえば婚活サイトをはなから「怪しい」と決めつけてしまうと、そこから良いエネルギーは入ってこなくなります。

というのも、脳には、「見たいものだけを見ようとする」仕組みがあります。自分にとってどうでもいいこと、重要ではないことは、知覚しないように交通整理することで、混乱を防いでくれているのですね。

だから、「婚活サイト＝怪しい」と思っていると、それにまつわる良い情報すらも、目に入ってこなくなるのです。

婚活をすること自体、自然な出会い方ではないからダメ、という固定観念がある場合もあるでしょう。

いずれにせよ、「その思いこみ、捨てます！」と宣言して、制限をはずしておくのがいいですね。そのほうが、あらゆる可能性を広げておくことができます。

私のクライアントさんで、結婚相談所で素敵な旦那さんと出会い、39歳という年齢で結婚された方がいます。

一度相談所に行ってみたら、イメージよりずっと良い雰囲気だったのもあり、「ここを通じた出会いも、良いかも！」ととらえてみたら、流れが変わったのだそうです。

彼女は今、「結婚相談所＝堅苦しいところ」「婚活＝自然でない出会い方」という世間のイメージを変えるべく、恋愛カウンセラーになって活躍中です。

私も過去を振り返ってみると、いつでも、どんな状況にいても、出会いそのものはあるでしょう、と思っていた記憶があります。実際、周囲が女ばかりの環境にいても、合コンにも行かなくても、出会いはちゃんとありました。

だからこそ、「ある」と単純にただ思っておく、決めておく、ということが大事なポイントなのです。

◆こういう状況でないと、良い出会いはない、と思いこんでいる方は

”「いつでも、どこでも、出会いはある」

「どんな出会い方でもOK、最大限の可能性を活用する！」“

と、つぶやいてみてください。

To find
true love

遠距離恋愛に対する「こうだろう」をはずす

愛の意識エネルギーは、時空間をポンと超えていく

学生時代の友達に、国際結婚をした女性がいます。今は、日本から遠く離れた、地球の反対側の国に住んでいます。

彼女は20代のころ、留学先で旦那さんと出会いました。それから結婚するまでの何年間かは、日本、海外の遠距離恋愛でした。

あまりに日本から遠いので、頻繁（ひんぱん）に行けるはずもなく、かつ昔はスカイプのような無料通話ツールもないので話すこともなかなかできず（国際電話は高いですからね）、ほとんど文通状態な恋愛だったようです。

結婚までたどりつくだろうか、と思いつつ見守っていましたが、長い間の遠距離恋愛をへて結婚し、彼女は移住しました。

彼女は両親にとっては一人娘でしたが、そんなことは関係なく、遠い外国にお嫁に行けちゃったのです。

何ヶ国語も話せるくらい語学が大好きで、得意な彼女は、心から好きな選択をし続けることで、願いどおりのパートナー、願いどおりの生き方——海を渡ってグローバルに生きること（旦那さんの祖国で就職して、バリバリ働く）も、両方叶えました。可愛いお子さん2人にも恵まれました。

かと思えば、歩いても行けるくらいの距離に住んでいても、別れちゃうカップルもいたりします。

どれだけ距離があっても、会う頻度が少なくても、成就する人はするし、どれだけ近くで頻繁に会っていても、うまくいかない人はいかない。

結局、意識のエネルギーは、時間や空間、距離を超えてしまうのですね。いとも簡単に。

自分の本心につながった状態でベストパートナーを得ると、見た目上の物理的な困難なんてあっさり超える、それくらいの意志力が確立するということでもあります。

当たり前のような話ですが、もし外国とまでいかなくても、遠距離恋愛真っ最中の方がいらっしゃったら、このことを思い出してください。

愛の意識エネルギーは、距離なんかポンと超えて、届いていきますから。

◆遠距離恋愛は難しい、と思いこんでいる方は

"「意識のエネルギーは時空間を超える」"

と、つぶやいてみてください。

To find true love

「女性はみんな恋愛・結婚がしたいのだろう」をはずす

人生で何がほしいかは人それぞれと気づくと、楽になる

恋愛・結婚を引き寄せたいと願う方のなかには、女性はみんな恋愛・結婚がしたいものだと思ってる方もいらっしゃいます。

どんなときにこの思いこみに気づくかというと、パートナーがいない人のことを、無意識にかわいそうだと見ているな、と自覚したときなどです。

この思いこみがある方は、自分にパートナーがいないときに、自分をダメだと否定して責めてしまうんですね。

しかし、世の中、恋愛・結婚が最たるテーマではないことは、めずらしくありません。仕事や、そのとき自分のやりたいことをして生きることを一番の楽しみや願いに思う人はたくさんいます。これは女性に限ったことではなく、男性もしかりです。何

がほしいか、は人それぞれなのです。
それが理解できると、今パートナーがいない方も、パートナーがいないのはいけないことという思いこみを修正でき、周りと比べて落ちこむこともなくなるでしょう。

◆女性はみんな恋愛・結婚がしたいのだろう、と思いこんでいる方は

「価値観、選択というのは100人いれば100とおり」
「幸せの形も100とおり」

と、つぶやいてみてください。

To find true love

どうせ彼は「こうだろう」をはずす

あなたの好きな人を「悪者」にしない

次は、自分の好きな人に対しても、変な思いこみを作っていませんか？　というお話です。

良い思いこみの場合は放っておいていいのですが（彼はとても優しいとか）、問題は良くない思いこみです。

「彼のことは大好きだけど、連絡がマメじゃない」
「案外、細かいことを言ってうるさい人」
「いつも忙しくて、なかなか会えない人」

こんなふうに、過去の体験から（それが仮に1回でも）「彼はこんな人だ」と思いこんでしまい、それを自動的に引きずっている場合があります。

さらに、心の奥に不安や恐れがあるせいで「私と会ってないときに、忙しいと言いつつ、浮気するのでは」なんて、もっと良くない思考をしがちな方もいます。これらは非常に危険。ぜひ、習慣を変えていただきたいと思います。

ポイントは1つ。自分の内側から自然に湧き出てくる、彼に対しての思いや感情は、「いったん出してしまう」こと。

そして「前はそうでも、ずっとそうとは限らないから、新しい意識を作ってみよう」と決めることです。

結局どの場合も手順は同じで、出てくる感情を出しきって受け入れてから、「でも、そんなこともないよ」と、違う意味づけをしてあげることなんですね。

例

「私の彼は、マメに連絡をくれない人」→「でも、これからずっとそうとは限らない。マメに連絡をくれる人という意識で彼を見よう」

人の思考や行動を直接変えることはできません。だからこそ、「自分が彼（大好きな人）をどう見るか、どんな人ととらえるか」を変える、というのが大事です。

彼への思いこみを手放したブログの読者さんから、こんなメッセージをいただいたことがあります。

「MACOさんのおっしゃるように、毎瞬、人はエネルギーレベルで新しく生まれ変わっているのだったら、毎瞬、彼も新しくなってるはず。それなら、彼が急にマメな人になることだってあるわ、と思ったんです。

それから、彼と会ってるときは、あなたは連絡がマメな人！　と思いながら、じーっと見ていたんですね(笑)。そうしたら本当に、前よりマメに連絡をくれるようになってきたんですよ。仕事で今日ここにいるとか、前はそんな雑談みたいなメールやLINEは来なかったのに。

彼がどうしているかは知りたいし、すごく嬉しいので、これからも私の彼はマメな人！　の意識で、彼を見ておきますね！」

1点注意するとすれば、執着を交えないこと。「もっとマメな人になってー!」というのは、ちょっと違いますよ。

相手をコントロールしようとはせず、うまく意識を使ってくださいね。

◆大好きな人に対して「彼はどうせ、こんな人」と思いこんでいる方は

"「前まではそうでも、ずっとそうとは限らない」

「彼は○○な人(プラスイメージ)かもしれない、という意識で見てみよう」"

と、つぶやいてみてください。

To find true love

そもそも結婚とは「こうだろう」もはずす

結婚は、修行じゃない！

ここは、私が特筆したい部分でもあります。

「結婚は墓場だ」「結婚したらもう終わり」「結婚は修行」などなど、小さいころから、こんな言葉を耳にしてきた方もいらっしゃると思います。

実は私も、親からずっとそういう刷りこみをもらって生きてきました。

でもこれも、真実ではなかったのです。そう思えば、そうなっていく、というものだったのです。

「結婚は辛く、苦しいもの」というのは、あくまで1つの観念にすぎません。

その証拠に、私の友人には「結婚って、手放しで素晴らしい！　幸せ！」と、豪語してはばからない人がいます（笑）。

こんな良いもの、なんでみんなしないのかしら？　っていう感じですから、昔の私とはまったく思考が違うわけです。

そう思っている彼女は、結婚して何十年たっても旦那さんが大好きで、お子さんを含め、とても円満な家庭を築いています。

たしかに、恋愛も含めて、結婚には魂レベルでの学びはたくさん起きてきます。ですが、それイコール修行ではないのです。

たとえ、苦しい出来事が2人の間に起きたとしても、深い愛でもって、ともにクリアしていく。その過程で、結びつきがどんどん強まる。この体験を積み重ねていくのが、結婚なんですね。

そもそも、「天と地がひっくり返ってもこの人が大好き！」という、最愛の人に出会えた場合、ともにいろんな体験をしていくことに対し、心のなかでゴーサインが出ているはずです。

とすると、やっぱり、「結婚は修行」なんて言っていたら、もったいないですね。

共同で生活していくことは、1人より不自由なことも、多いでしょう。でも、そのかわり、受けとるものも2倍です。感動も2倍。

◆結婚はたいへんなもの、と思いこんでいる方は

“「結婚はたいへんでも修行でもない、ただただ、満ち足りて幸せなもの」”

と、つぶやいてみてください。

恋愛引き寄せ　リアル・ストーリー

CASE 2　16歳差でのご結婚（Iさんからのシェア）

ブログで年の差恋愛のご報告をシェアしたところ、「私もです！」というメッセージを、思ってもみないほどたくさんいただいたんです。

やはり、今は「魂で恋愛する」「エネルギーレベルでつながる」、そういう時代なのですね。

相手がうんと上、もしくはうんと下という年齢差結婚はますます増えると思いますので、そんなケースをご紹介します。

✦　✦　✦

私は40代半ばで、人生はじめての結婚をしました。

夫は、16歳も年下です！

プロポーズは彼からしてくれました。


もともとそんなに結婚願望が強かったわけではなく、20代、30代前半は仕事バリバリタイプでした。

ただ30代後半になって、周りに結婚した人が増えてきて。

家族が増えて幸せそうな姿を見て、いいなと思い、いわゆる「婚活」をしたことはあります。結婚相談所に入会したり、婚活イベントに行ってみたり。

でも、どれもこれ！　という出会いにはつながりませんでした。

そんな状況ではありましたが、仕事はしっかりとり組んで、毎日を充実させていました。


夫と出会ったのは、海外旅行の、現地発のワンデーツアーなんです。

私も彼も一人旅だったので、話すタイミングがけっこうあったんですね。それで、一緒に昼食をとっているとき、家が近い（といっても県は違います）ことがわかって、意気投合したんです。

帰国後に会う約束をして別れたのですが、実際会えたときは、とてもドキドキした記憶があります。

彼の理想のタイプは「旅が好きで、フットワークが軽く、おいしいものを食べ歩くのが好きな女性」で、私はそこにぴったり当てはまったそうなんですね。それでお付き合いすることになりました。

旅行中は、あえて年齢を伝えたりはしなかったので、ちょっと時間がたってから、私はかなり年上なんだよ、と告白したんです。

すると「最初から上だろうって思ってたから、大丈夫（笑）」と一笑されました。

旅行中も、年齢なんてまったく気にしていなかったそうです。

私も彼も、一度も結婚経験がなかったので、プロポーズされたときはやはり躊躇（ちゅうちょ）しました。

自分の両親・親戚はもちろん、向こうのご両親・親戚に反対されないかと、やはりナーバスになりました。

だからといって彼を嫌いになれないし、結婚したいのはもういつわれない本心だと悟っていたので、進むしかない！　と思って。

そうしたら、予想外に誰からも反対されず（笑）、すんなりと結婚することができました。

「何歳だから、これをやらなきゃ」という考えではなく、「今、旅行に行きたいから、行く」という心の声だけに従って生きてきたからこそ、巡り合えた縁だと思います。

実際、一緒に過ごしてみると、年齢なんて問題でもなんでもありません。

私のケースが、どなたかが勇気を出すきっかけになれば幸いです。

CHAPTER 3

こう動くと、ベストパートナーとガチッとつながる

To find
true love

まず視覚から、「得た」感覚を体になじませる

CHAPTER3では、「恋愛引き寄せ」のパワーがぐんぐん高まる、具体的な過ごし方やアクションについて、お話ししていきますね。

日常で実践できる、簡単なことからお話ししていくので、ぜひできるところから、とり入れていってください。

さて、繰り返しますが、基本はまず「決める」ことが大事です。

私、こんな楽しい引き寄せ設定があるのよ、ということを脳に認識させやすいように、何かサポートツールを作っておくといいですね。

たとえば、これらの王道のやり方も、超オススメです。

- 手帳や日記に引き寄せ設定を書いておく
- 引き寄せに特化した、引き寄せ設定ノートを作る
- ビジョンボード（叶えたいイメージを表す写真やイラストを、1枚のボードに貼りつけたもの）を作る

ビジョンボードのように、視覚に訴えるものはイメージングがしやすく、その世界にひたりやすくなるので、得た感覚が「なじむ」という効果を高く発揮します。

体に「ほしいものを得ている」感覚がなじむと、現実にも、そのようなことが起こりやすくなります。

どれも「私はここへ行く！」と、意識をフォーカスさせるためのツールですので、できるだけ楽しんで活用することが大事です。

せっぱつまったエネルギーで「なかなか実現しない、しない」と思って見ていると逆効果になりますから、要注意です。

サポートツールで「感情」にフォーカスすると効果UP！

ブログの読者さんに、引き寄せ設定ノートを見せてもらったことがあります。作りこみがなかなか素晴らしかったので、少しご紹介しますね。

この方は、仕事とプライベート、両方の充実（恋愛を含む）へ向けて、いろんな設定をノートに書きこんでいらっしゃいました。

恋愛についての書きこみで、すごい！　と思ったのが、「憧れるシチュエーションの写真（例：恋愛映画で男女がデートしている、素敵なワンシーン）に、こんなふうに会話したいと思うセリフを、吹き出しで書き足す」という工夫です。

たとえば、映画の主人公とその彼がレストランにいる写真には「〇〇年のクリスマスには、彼とデート」とタイトルをつけて、男性には「出会ったときよりずっと仲良しになれたね」、女性には「そうだね♪」というセリフの吹き出しをつける、という具合です。

ほかにも、こんなのを着たい！　と思うようなウェディングドレスや、使ってみたい式場、彼と一緒に住みたい家の写真などを貼ってみるという定番の方法も、しっかり実践なさっていました。

ちなみに、仕事についての書きこみでは、「もっとスムーズに、楽に仕事にとり組めるようになる」という設定とともに、リラックスして昼寝をしている女性の写真の切り抜きが貼ってありました。

インターネットで、「リラックス」とか「楽ちん」などのワードを検索すると、近いイメージの写真が出てくるので、個人的に楽しむうえでは、そういった写真を利用するのもいいかもしれませんね。

こんなふうに、「こんな状況で、こういう感情を味わいたい」というところにフォーカスするのは、引き寄せの効果を高めるコツです。その点で、彼女の引き寄せ設定ノートは、最強だなと思います。

また、このノートはきっと効果大だなと思ったのは、なにより、本人がノート作りを楽しんでいたからです。

実は、私自身は、ビジョンボードや引き寄せ設定ノートはほとんど作らないタイプです。切ったり貼ったりの手作業がだんだん面倒くさくなる、というのが一番の理由なのです……。きっと私には、合うやり方ではないのですね。

そのぶん私は「脳内イメージ」で、強く意識しておくようにしています。それから、手帳に「こうする、こうなる！」と、シンプルに文章で書きこみ、折に触れて見直すということもやってきました。これで、願いを次々に叶えることができました。

人それぞれに、やっていて楽しくて、没頭できるやり方があります。それが、その人に合っているやり方ということなのです。

ぜひあなたも、自分の心がワクワク、ドキドキする方法を探してくださいね。

20XX年
クリスマスには彼とデート
出会ったときよりずっと
仲良しになれたね
そうだね♪

To find
true love

「パートナーが来る前提」で準備する

「素敵なパートナーとご縁がつながる行動」について、より具体的にお話ししていきます。

一番重要なのは、やはり「意識」を変えることです。**つまり「パートナーが必ず来る前提」で、「パートナーがいる自分」を意識して過ごすのです。**

たとえば、「カフェでコーヒーを飲みたい」という心の声を叶えるとします。そんなとき、「彼とデート中だとしたら、何を飲みたくなるかな？」と考えてみるのです。

「パートナーがいるつもりで準備をする」というと、わかりやすいと思います。

服を選ぶにしても、デートで着ようと思うと、それまでとは視点が変わるはず。

「ちょっと明るめの色だけど、デートなら、これくらい可愛らしいほうがいいかも！」

なんて感覚が湧いてくると思います。

まつ毛パーマやまつ毛エクステ、ネイルなども、「いつデートするかわからない」という意識で過ごしていると、ぬかりなく綺麗にしておこう、となるでしょう。

こんなふうに「相手に見せること前提」「相手にほめてもらうこと前提」だと、身だしなみを整えるワクワクも、2倍になりますよね。その上がったテンションが、引き寄せを加速させる起爆剤になるのです。

「パートナーが来る前提」で行動することで、心に大きな変化が訪れます。すると、行動がますます変わってきます。良いサイクルが生まれるのですね。

いつパートナーが家に来てもいいように、掃除がこまめになるかもしれません。人に食べてもらうなら、と思いだすと、料理のレパートリーが増えるかもしれません。ちょっとダイエットしたくなるかもしれませんし、今流行っている映画を調べたくなるかもしれません（一緒に見に行ったらいいよね、という思いから）。

もしくは、旅行のパンフレットが目についたり、おしゃれな車に目がいったりするようになるかもしれません（ドライブデートもいいな、と思うからですね）。

こうして心理に変化が起きること、行動が変わることは「脳そのもの」が変化してきたというサイン。脳が変われば、引き寄せる世界は必ず変わります。

それから、たとえばパートナーと素敵な景色を見たいと思ったら、彼と行く前に、自分で行ってきてもいいです。

こういう行動を「寂しい」と思う人も多いのですが、視点を変えるとこれは「ただの下見」なのですよ。

To find true love

周りから「この人は、うまくいく！」と思ってもらう

この項目は、CHAPTER2の「どうせ彼は『こうだろう』をはずす」の項目（P.65）と合わせて、読んでみてくださいね。

自分が誰かをどう見るか、ということと、他者からどう見られるかということは、どちらもとても重要なことなんです。

「私はいつも、何をやっても、うまくいくの！」なんて、大げさに話を盛る必要はありませんが、「私はいつも、恋愛がうまくいかないのよね……」なんて、周囲の人にしょっちゅう言っている方は要注意です！

なぜなら、自分が知らないうちに、多くの人から「あの人は恋愛がうまくいかない

人なんだな」という意識エネルギーをもらってしまうからです。

でもこれ、自分の口（言葉）でそのような状況を広げてしまっているので、自分で撤収するしかありません。

良い引き寄せを加速させたいなら、信頼できる人や、やりたいことを応援してくれる仲間に、遠慮なく自分の引き寄せ設定を話すようにしてみましょう。

たとえば「私は素敵な恋愛・結婚をして、一生幸せに暮らすんだ！」というふうに。

「それ、いいね！」と言ってくれる人たちは、「この人は、これから夢を叶える人なんだ」という意識で自分を見てくれるので、引き寄せをお手伝いしてくれるエネルギーをくれます。

もちろん自分の行動が一番大事ですが、サポートになる意識エネルギーは、もらうが勝ちです。

一方で、ドリームキラーと呼ばれるような人もいます。人の夢をすぐ「そんなの難しいわよ」と、否定してかかる人のことです。

そんな人に対しては、引き寄せ設定は語らないこと。上がったテンションを下げられてしまうと、元も子もありません。

誰に引き寄せ設定を話すかも、選ぶことが大事です。これも重要な引き寄せ実践力なのです。

応援してくれる人、あたたかく見守ってくれる人がいるおかげで、人は願いを諦めないで行動できるのです。良いご縁をたくさん自分の周りに集めましょう。

To find
true love

言葉だけでも、「否定」をやめてみる

前の項目に続いて、もう少し、言葉の力についてお話ししたいと思います。

自分の口から出す言葉、頭のなかでつぶやく言葉を変えるだけでも、現実はすぐ変化します。

そんな話はさんざん聞いてきたよ、という方、では本当に「徹底的に」言葉を変えたことがありますか？

最初は意識していても、気づくとつい、いつもの「どうせ……」「これはこうだから」「それって難しいよね」という言葉を使ってしまっていませんか？

言葉の癖を変えるというのは、言うは易しですが、行うは難し、です。それでも、癖を変えていくために、日々できることをやっていきましょう。

まず、自分を否定する言葉を発したら、言い直すこと。頭のなかで大丈夫です。「あ、そう思ったけど、違う思考を選ぶんだった。訂正！」という感じです。

「○○がない」ではなく「○○がある」と、意識的に脳内でつぶやくようにするのも良いでしょう。「お金がない」から「お金がある」というように。これで、「ある」「満ちている」にフォーカスする癖がつきます。

その際、感情をこめられなくても、十分トレーニングになっていますから大丈夫ですよ。

それからSNSも、良い練習の場になります。

ブログやTwitterなどは、そもそも楽しむことが一番なので、あまり「あれはダメ、これはダメ」と制限を加えると面白くなくなりますが、とはいえ自分の意識が本当に超否定に傾いている発信は控えたほうがいいでしょう。

たとえばＴｗｉｔｔｅｒで「私ってほんと、何やってもうまくいかないわあ」とつぶやいたとして、それがネタではなく、心底思っていたとしたら、これはすごい呪いを自分にかけているのと同じこと。

それを見た人からも「この人うまくいってないのね」という意識エネルギーを向けられるので、良いことはありません。

どうしても、ＳＮＳで弱音を吐きたいときも、あるかもしれません。ただ、そんなときも、発言の送信ボタンを押す前に、一呼吸置いてみてください。その積み重ねが、あなたの言葉の癖に、変化をもたらします。

To find true love

最終決定を他者にゆだねない

恋愛・結婚というテーマに限らず、何を選んでどう動くかは、最後は絶対、自分で決めること。そうでないと、いろいろ間違いが起きてきます。

「私はどうしたらいいですか？」

「何を選んだらいいのかわかりません……」

「彼とはお付き合いをやめたほうがいいのでしょうか？」

クライアントさんから、こんなふうに相談されることもありますが、私に最終決定をゆだねるような質問については、「最後は必ず、自分で決めてください」とお話ししています。

「最後、どうするか」を自分で決められない人には、良い引き寄せは起きてこないと思っていてください。

周囲にアドバイスをもらったり、話を聞いてもらったりすることがいけないのではありません。あくまでそれらは参考材料として、活用したらいいです。

でも「最後、どうするか」は、自分で決めること。

決めたことは、どんなことも間違いではないのです。そのとき出した答えは、全部ベスト。

選択を間違わないように、と思って他者に聞くことばかりしていると、余計、迷走することになります。

自分の人生の選択を人にしてもらう、決めてもらう、ということは「自分の人生を投げている」のと同じことです。

そのために、日常の小さな選択、たとえば「何を食べたいかな」「どんなテレビを見たいかな」というところから練習していくのです。

小さな決断の練習が大きな決断ができる意志力を養うということを、覚えていてくださいね。

「一番しか選ばない練習」を積み重ねる

私のデビュー作である書籍『ネガティブがあっても引き寄せは叶う!』（大和書房）のなかに、「ハワイに行きたいなら沖縄に行ってはいけない」という項目があります。「妥協せず、行きたいところだけに行くことを目指そう」という話でした。

これが、とても反響の大きい記事だったんですね。この記事を読んだ編集者さんから雑誌の取材をいただくことがなんどもありました。

「徹底して、自分の一番を選ぶ実践」が、それくらいみなさんの心に残り、おそらくは大きな変化をもたらしたのではないかと思います。

恋愛においても、とにかく一番を選ぶことが重要です。

よく耳にするお悩みとして、こんなパターンがあります。

「一番好きな彼は、イマイチ反応が悪いのです。一方、同じ職場のAさんは、私に好意を寄せてくれています。Aさんのことは嫌いではないので、ちょっといい顔をしてしまいます。キープしているようで良くないかな、とは思うのですが……」という状況です。

Aさんを手放せないのは、「1人になりたくない」「とりあえず彼氏候補がいる状態にしておきたい」という、保険思考が働いているのもあるでしょう。

しかしこの状況だと、Aさんは明らかに一番ではないので、この段階でAさんを選ぶと、必ず後悔することになります。

本当にやるべきなのは、まず、一番好きな彼に、きちんと向き合ってみること。

仮に、もしそれでダメだった場合、Aさんとつながっていく可能性はあります。

いずれにせよ、一番に向き合うことで「その後の、本当の正解」が出てくるようになります。

これも、普段から心がけておくことが大切です。そうすることで、いざというとき、ひるむことなく「私はこれが一番ほしい！」と選べるようになりますよ！

To find
true love

「私が幸せになる」と脳にインストールする

見出しの言葉どおりに、「新しい思いこみ」を作ってほしいのです。

宇宙は繁栄の方向にしか進みませんが、それはひとりひとりが個人レベルで幸せになることと関係しています。

なぜなら、一個人の幸せは、必ず宇宙全体の幸せに貢献していくからです。

幸せな人1人のエネルギーが周囲に良い波動共鳴を起こし、また1人、それを循環させる人がいれば、そのひとつひとつのつながりが、百、千、万となり、それが全体を構成する大切な要素となります。宇宙の幸せはそういう構造です。

ひとりひとりが願いを叶えて幸せになると、そのエネルギーが全体のエネルギーを上げることに、貢献していきます。

小さな1つは、非常に大切な存在なのです。

だからこそ「私が幸せ＝宇宙全体が幸せになる」という、良い思いこみを脳に入れてしまいましょう！

To find
true love

迷ったときは、少しでも心が傾くほうへ

「男性からのお誘いに乗るか、乗らないか」とか「好きな人にメールやLINEを送ってみるか、みないか」とか、いくつかの選択肢で迷う場面もあるでしょう。

そんなふうに選択に迷ったときの、心の整理の仕方について、です。

結論から言えば、どの選択肢を選んでも大丈夫。**最終地点（どうなるかのゴール）を決めていれば、ルートは関係なくたどりつくから、心配ないのです。**

「ベストパートナーと幸せな恋愛・結婚をする」と決めているなら、お誘いに乗ろうが、乗るまいが、そうなります（ベストパートナーが、その誘ってくれた彼かどうかはわかりませんが）。

しかし、これ！　とすっきり決められないときは、不安も出るかと思います。

そんなときは、どっちにしよう？　と自分の心に問いかけたとき、ちょっとでもこっちかな、と傾くほうを選ぶというのがまず第一です。

いずれにせよ「どちらを選んでもＯＫ」と思っておいて大丈夫！　なのです。

また、即決しなくても、自然と「こっちがいい！」という感覚が出てくるまで待ってもいいです。

仮に悩んで、決断が遅れたとしても、それ自体が最終地点（幸せな恋愛・結婚）を左右することはありません。**迷うこともプロセスに含まれている、と信頼しておいてください。**

To find
true love

待つ女にならなくていい

よくご相談いただく恋愛の悩みの1つ、「つい待ってしまう私」になるときの意識の使い方についても、お話しします。

たとえば、今日来るか来ないかはっきりしない連絡のために、じーっと家で待機してみたり。友達との約束をなしにしてまで、携帯に張りついたり。

でも結局連絡は来なかったし、会えなかった。そして最高に落ちこんで、はい上がれなくなった。

こんな経験、ありませんか？　私はあります（笑）。

本当は、はっきり決まってない約束なんて待たなくていいんですね。

もちろん、待つことが心底ワクワクする！　というのであれば、問題ないです。しかし、どうなるかわからないのに、連絡ももらってないのに、いつも不安で待っている。来るか来ないか、いつもやきもきして過ごしている。待つために、自分の「今、こうしたい」という感覚までないがしろにして、時間をただただやり過ごしてしまう。これはダメです。

自分のエネルギーが下がる一方なので、少しずつやめていきましょう！

以前、クライアントさんで、「気になる彼から連絡が来たら即返信して、すぐ出かけられるようにと、コンビニに行くのも躊躇（ちゅうちょ）する！」という方もいました。

私は、「買い物に出てる間に連絡が来て、返信できなかったとして、会うタイミングがずれたくらいでうまくいかない相手なら、あなたの本当の相手じゃないかもですよ。飲みたいものがあったら買いに行けばいいし、食べたいものは今、食べる。それでいいんです。そうやって自分らしく過ごしていて、うまく流れていくパートナーであればベストな相手、というサインです」と、お話ししました。

自分が今、どう過ごしたいか、ということを素直にやっていれば、本当にあなたにとって必要な人とつながっていきます。

好きな人や恋人ができたばかりの人で、関係がまだきちんとできてない場合は、不安もあるとは思います。それでも、ワクワクして待てるとき以外は、無理に待たなくていいのです。

それよりやることは、自分の内側を楽しませたり、満たしたりすることです！　今、自分で楽しく過ごせていることがとにかく一番大事。

相手に合わせて、自分の意思や行動をないがしろにすることをやり続けていると、「私には価値がない」「合わせないと愛されない」というデータが、潜在意識に入っていってしまいます。

大事にされる人というのは、やりたいことを素直に、やりたいようにやっていてもちゃんと愛されています。

連絡が来たタイミングで会えなかったとしても、「じゃ、次ね！」とスムーズに事は流れていきますし、そのとき会うタイミングがずれたことなんて、けっして問題にならないのです。

というより、あなたの真のパートナーなら、会うタイミングがずれたことですら、最後にうまくいく材料として、プロセスが開いていきますよ。

そのままの、自然な自分で過ごしていて愛されるのが、本当の恋愛です。

To find
true love

自分の引き寄せ設定から逃げない

満ち足りた恋愛や結婚がしたい！　こんな設定で、素敵なパートナーと出会いたい！　という自分の願いに対して、叶うまでの間に、不安や恐れから条件を下げたり変えたりすることはオススメしません。

いろいろ細かい引き寄せ設定があるのよね、ハードルが高いかしら……と思ってしまう方も、心配はいりません。条件を減らしたら叶う、というのではないのです。

心からほしいもののオーダーが、宇宙にダイレクトに届くのです。いついかなるときも、いつわりのオーダーはしないこと！

叶っていくまでのプロセスでは、たしかにいろいろギョッとする出来事が起きることもあります。ときに、うまく事が運んでいるのか不安になることや、焦りが出ることは、必ず誰にでもあります。

でも、けっして自分の本心の設定から逃げないことです。こうなりたいな、という本心からの設定を、部分的に諦めたりして、間引きしないことなのです。「もう無理かな」と感じたときこそ、「でも、満ち足りた恋愛・結婚をする」と決め直しましょう。

欲張りかな、贅沢（ぜいたく）だなと感じる願いだと叶わない、と思うのも、よくある思いこみのパターンです。そんなことは、けっしてありません。

自分の一番ほしい形で、ほしいものを引き寄せること。そして宇宙からのお届けまで、その願いからけっして逃げないことが大事です！

恋愛引き寄せ　リアル・ストーリー

CASE 3

30代後半の婚活成功例（Sさんからのシェア）

婚活、という言葉にはマイナスイメージがある方もまだ多い気がしますが、婚活ってすごいですよ！　と、Sさん。出会いのきっかけは、結婚相談所を通じたお見合いだそうです。

✦ ✦ ✦

30代半ばまでは、結婚したいのにできない自分を、みじめに思っていました。

「なんで私だけ結婚できないんだろう。ほかの人はできているのに」

「生涯で一度も、誰からも結婚したいと思ってもらえないなんて、私は欠陥品」

こんな思考が、ずっと頭にあったんです。

ほかの独身のアラフォー女性を見ても、不幸そうだとは思いませんでした。「あの人はキャリアを積んでるから」「あの人は可愛らしいから」と思えたんですね。でもなぜか自分だけは、切なく、不幸な存在に思えました。

それが38歳になり、40歳がリアルに見えてきたころ、自分への否定的な気持ちが、だんだん、良い意味での諦めに似た感情へと変わってきました。

「なんか私、かわいそうね。でも、そんな自分が愛おしいね」

「このまま結婚できなくても、私はこの人生をしっかり生き抜いていくんだ」

「まぁ、可愛いおばあちゃんになろうかな」

そんな気分になったんです。結果的にこれが、引き寄せの作用点になり、夫と出会えたのだろうと思います。

結婚相談所に入会したのは、37歳の夏。最初の数ケ月は、お見合いの申しこみもたくさんありましたが、ピンとくる出会いもなく、そのうち申しこみ自体がパタッと途絶えました。

それが、38歳で、良い意味での「諦め」を得た半年後、今の夫からのお見合い申しこみがあり、すんなり交際がスタート。

当初は離れた地域に住んでいたのですが、出会って4ヶ月で同棲することになり、さらにその4ヶ月後には入籍となりました。

✦ ✦ ✦

38歳前後では、新婚の友達や、夫婦仲が良い友達のところへ遊びに行くことをしていたというSさん。夫婦のエネルギーに触れ、新居を見せてもらったりすることで、私はこうしよう、というイメージがふくらみ、とても幸せ感があったそうです。Sさんはここで、なりたい波動に、すでになっていたのですね。

CHAPTER 4

執着を、引き寄せエネルギーに転換する

To find
true love

執着って、どんな感情？

執着は、誰にでもあるもの

現在、「執着」という感情のとり扱いに悩んでおられる方、1ミリも絶望しないでください！

恋愛のご相談をお受けすると、必ず出てくるのが執着についての話題。お会いしたうちの、ほぼ100％の方がこの言葉を口にされたんじゃないかな……と思うくらいです。

しかし、執着は何も恋愛だけに起こる感情ではありません。人は、お金やモノに執着することもあれば、時間や場所など、特定の状況に執着することもあります。

人間である限り、ありとあらゆることに、執着という感情は湧いてくるものです。だから「私はきっと人より執着心が強いんだわ……」という「超勘違いの思いこみ」を持っている方は、まずここで「その思いこみは、今日捨てる！」と宣言しておいてください。ここ大事です。

執着は誰にでもあるもの。これが正解。

手に入れたいと願う対象によっては、強く湧いてくることはありますが、あなただけが執着心の対応に困っているわけではありません。「そりゃ執着することもあるよね」くらいにとらえておく練習をすることが大事です。

執着心も、愛すべきあなたの一部

この本では、CHAPTERまるまる1つぶん、執着について、じっくりお話ししていきます。

なぜかというと、恋愛において、「特定の人をものにしたい」や「今は特定の人はいないけど、パートナーがどうしてもほしい」という、対「人」の執着心との付き合い方がとても大事だからです。

執着心は誰にでもあるものであり、かつ、その人の一部です。消し去る必要はありません。

これまでお話ししたとおり、あなたの一部を否定するのは、あなたそのものを否定しているのと同じこと、なんですね。**だからあなたの執着心も、まずは愛すべき自分の一部として、とらえてください。**

執着してしまうのは、大好きだから

読者さんやクライアントさんから執着についてのご質問をいただくときは、「執着は悪いもの」というイメージを前提にたずねられることが圧倒的に多いのです。

「やっかいなもの」「どうにかしないと困るもの」「対処しきれないもの」「自分にいけないところがあるからこそ、出てくる感情」など、非常に否定的なイメージをお持ちの方が圧倒的なんですね。

しかし、ここでいったん、これらのイメージをすべてチャラにしていただきたいと思います。

そもそも、なぜ執着が生まれてくるかというと、もともとそれだけ、執着を抱く対象のことが「好きだから」なんですね。何かに対して、強い愛があるということ。対象がお金などでも、同じです。

ただ、可愛さ余って憎さ百倍というように、好きすぎると、感情が若干エスカレートしてしまうことがあります。すると、寝ても覚めてもそのことだけに固執する、という状況に変化していきやすいのですね。

執着は「大好きだけど……」の裏返し。そう考えてみると、少しマイナスなイメージも薄れるのではないかと思います。

To find
true love

執着には「デメリット」がある、ただそれだけ

「執着は悪いものでない」ということは、おわかりいただけたかと思います。

一方で、執着のデメリットも、しっかり押さえていただきたいので、ここで解説しておきます。

「私はここで知った情報を良い方向へ使う」と決めてから、読み進めてくださいね！

すると、脳への情報の入り方が変わります。

「周りが見えなくなる」デメリット

さて、「執着」を辞書で調べてみると、以下のように書いてあります。

［名詞］（スル）《「しゅうじゃく」とも》一つのことに心をとらわれて、そこから離れられないこと。「金に執着する」「執着心」

（出典：小学館デジタル大辞泉）

「1つのことにとらわれて、離れられない」

あなたは心あたりがありますか？

今、私がまさにその状態です……という方も、いらっしゃるのではないでしょうか。

この場合の「1つのことにとらわれて」とは、良い意味で「没頭・集中している」という状態とは異なります。

ここから離れると気が気でない。

ベタ――ッと張りついて、動向を常に見張っていたい。

じっと見ていないと不安でしょうがないから、頭から離れない。

気にしていないと自分の世界から消えてしまう気がするから、手放せない。

こんな感情のことをいいます。

特定の異性が気になる、あるいは、自分にパートナーができるかどうか？　ということばかり考えている、こういった執着心の裏には、このような不安が隠れているのですね。

人間は、放っておいても絶対大丈夫！　と感じることは、いちいち動向を見張ったりしません。自由にさせておいてもそこにある、とわかっているものよりも、別のことにエネルギーを注いだほうが、楽しく過ごせますから。

「やってくるかどうかわからないから」張りつく。

「やってくる気がしないから」張りつく。

「やってこなかったらイヤだから」張りつく。

というわけです。

脳科学的に解説すると、これは「それだけしか見えない世界にいて、ほかの情報が入らない状態」ということ。

たとえば好きな異性がいるとして、あけてもくれてもその人のことで頭がいっぱいのとき（楽しいことではなく）、人生を楽しくする情報ですら、侵入をカットされる可能性があります。
執着は、この「周りが見えなくなる」という点が、一番危険なのですね。

「あなたをコントロールしたい！」が伝わるデメリット

執着を自分のなかから消し去るのではなく、ある程度うまく付き合えるようになってくると、いろんなことの「循環」や「スムーズさ」を感じられるようになります。

逆にいうと、執着とはそれくらい、強い意識エネルギーなのですね。**自分が意識を向けた先（対象）を「縛る」ような、鋭いエネルギーといえます。**

ちょっとギョッとするかもしれませんが、たとえば「どうしても私のところへ来てほしい。ねえ、来てちょうだい！」という執着エネルギーを誰かに投げた場合、それは、相手をエネルギーで「刺している」のと同じくらいのことなのです。

本人は「あなたが好き」という気持ちだけの「つもり」かもしれませんが、つもり、の場合が圧倒的に多いんです。

よくよく自分に問いかけてみると「どうしても私のものになってほしい。とにかく私の思うとおりになってほしいの！」という、相手の状況や感情は無視した、一方的な望みが上がってくるかもしれません。

もしそうであれば、そちらのほうが本心です。だから「相手をコントロールしたい」というエネルギーが、相手の潜在意識に届くというわけです。

意識のパワーというのは、それくらい強いのですよ。

直接話さずとも、意識エネルギーを特定の対象に向かって投げていると、相手は潜在意識でそれを受けとります。すると、居心地が悪いので、ますますあなたから遠ざかる、となりかねないわけです。

大好きな相手に渡していいのは、ただ愛のエネルギーだけ。

心の底から「あなたが好きなんです」と湧いてくる愛のエネルギーのみであれば、いくら送っても大丈夫です。

To find
true love

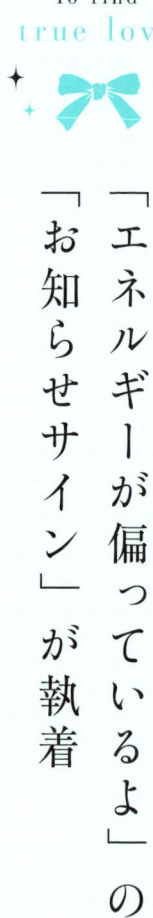

「エネルギーが偏っているよ」の「お知らせサイン」が執着

結論からいうと、執着は悪者ではなく「お知らせサイン」です。

相手を縛る、つき刺すような強いエネルギーが相手に届いてしまっているから、自分の内側に戻そうね、というサイン。

というのも、執着に自分のエネルギーを使いすぎていると、自分の内側を満たす、というエネルギーのほうに回らなくなるのですね。

執着とうまく付き合えるようになった人こそ、パートナーの引き寄せ後、そして結婚後もずっと幸せに一緒にいることができるのです。

だから大事なのは、まず「あ、私は今、執着してるのね」と気づくことなんですね。

気づくことで、次どのように対処したらいいか、というステージアップの思考に移行することができます。気づかないと、ずっとそこから動けませんので。だから、執着があると気づけたら、それはありがたいこと。けっして悪者呼ばわりはしないであげてください。

執着する気持ちですら、私の愛おしい、大切な一部。そう思って受け入れてあげれば、自分の内側に、良いエネルギーとともに統合されていくのです。

宇宙というのは、男性性と、女性性のバランスで成り立っています。執着に対する思考も、バランスが大切です。

執着があることを認める、受け入れる＝女性性のある作業。

その後どうしていきたいか、決め直す＝男性性のある作業。

この両方があって、うまく成り立ちます。

「どんな感情も、私の恋愛を叶えることにしかつながらない」と決めておくのもオススメです。

あるいは、こんなふうに、考えてみるのもいいかもしれません。

「私には執着するほど大切で好きな人がいる！　素敵！」

だって、「好きな人ができないんです」というお悩みも多いのですから。

こんなふうに、エネルギーを和らげられたらもう大丈夫です。今日ここで、「執着していたら、こうだろう」という思いこみも、リセットしてしまいましょう！

To find true love

どうしても執着が気になるときの「エネルギー転換ワーク」

執着は「消す」のではなく、違うエネルギーに「切り替える」

それでもやっぱり、執着心をぎゅっと握りしめてしまうときのために、対処法があります。しかも、難しいことは1つもなく、誰でもできます。

その方法は、自分のなかから執着を「消す」のではなく、違うエネルギーに「切り替える」作業なのです。

まず、執着をゼロにしようと思うと、うまくいきません。

人間の脳はそのようにできていない、というのが根拠なのですが、そもそも、執着は単なるエネルギーの1つの形、というのもあります。

エネルギーとは、いろんな形に転換が可能な存在です。執着は、ちょっと固執的で粘着質だったりするエネルギーですが、私たちの新しい意図で、その性質を転換してしまえばいいのですね。

そうすれば、執着を持ったままでも引き寄せがするする叶う体質に変わっていくことができます。

理科の実験を思い出してみてください。

ある固体がなんらかの刺激を受けて、化学変化を起こすと液体になったり、気体になったりすることがありますね。たとえば氷が温度という刺激を受けて、水になったり、水蒸気になったりするように。この場合でいう「温度」と同じ役目を果たすのが、私たちの「意識の指令」です。

執着エネルギーを、相手のことをただ「愛で感じるエネルギー」に転換してあげましょう。

コントロールのエネルギーを、ただ送り出す愛に変換するワーク

STEP1：固執している自分に「気づく」。
STEP2：相手に「こうなって！」という意識を向けるのではなく、「これくらい相手のことが大好きなんだな」という感情を感じつくす。

STEP1ではまず、「そっか、そのことばかり考えてしまうんだね」と、自分に声かけ。そこから徐々に、特定の人に「こうしてほしい！」と思う気持ちを原点に戻していきます。

STEP2では、「私は○○さんがすごく好きです。好きでいられることが、とても幸せ」というふうに、頭のなかでつぶやいてみてください。ただひたすら、「あの人が好きだな」と感じ続けてみてください。

途中でもし「でも会いたい！」とか「自分のものにしたい！」といった思いが顔を出しても大丈夫。また修正して、「でも大好き」と言い直してくださいね。

どれも、声に出さなくてもいいです。脳内でつぶやいてください。そのたびに、脳に強く刻まれていきますので。

やることはこれだけです。え!?と言わないでくださいね。これだけで効果があるのです。

STEP1を数日やり続けていると、不思議なことにだんだんと、好きな相手に対する感謝が生まれてきたりします。

「私の世界のなかに現れてくれて、ありがとう」、こんなふうに感情の出方が変わってきたら良い傾向です。

執着は、その大元の感情に立ち戻り、「固執するほど大好きだった」を感じつくすことで、良いエネルギーに転換されていきます。

強い執着も、「あー、あなたが大好きだわ……しみじみ」に転換できてくると、「私はこんなに、誰かのことが好きになれる存在なんだなあ。これも素敵」と、自分への肯定感が生まれてくる人もいます。

「私の思いどおりにしたい！」と思ったときほど、「私、それくらい好きだな」に立ち戻る。そして「あー、好きだなー好きだなー、これがまず、一番の幸せ」と脳内で繰り返す。これでエネルギーの「転換完了」です。

この時点で、幸せな周波数に変わった私になっていますよ。

そして、修正して送り出した、良いエネルギー状態に見合った現実が来るようになりますし、大好きなあの人にもコントロールするエネルギーは届かないので、関係が以前より良くなります。

STEP 1

STEP 2

相手を自分の内側に入れてしまうイメージワーク

STEP１：目を閉じて、イメージスタート。相手の姿を、自分の体の内側に入れてしまう。

STEP２：小さくなって自分の体に入っている相手を、とても大事な宝物を抱えるような気持ちで包みこんでみる。

STEP３：相手もあなたも、ゆったりした表情でいるところを思い浮かべながら、しばらくその感覚を味わう。

STEP４：最後に「私の世界に来てくれて、ありがとう」とつぶやき、目を開ける。

誰かを優しく包みこむというエネルギーが、ご自身の波動を変化させます。そして大好きな人（もしくはまだ見ぬ未来のパートナー）が、すでに自分のなかにいるという安心感、つながり感が、満ち足りた感覚を呼び起こしてくれます。このワークをやった感想で「体がポカポカする感じがする」とおっしゃった方もいらっしゃいます。

このワークも、1つめのワーク同様、「ただただ、その人がこの世にいてくれて幸せ」という部分に、意識をフォーカスさせてくださいね。

To find
true love

それでも「この人でないとイヤ！」から抜けられない人は

さて、この見出し。心あたりがありすぎる！　という方も、いらっしゃるのではないでしょうか。

誰かを好きになると、人は多かれ少なかれ、こういう状態になるものです。

「あの人をどうしても引き寄せたくて、わざわざ本を買って読んでいるの！」という方もいらっしゃるでしょう。

「特定の人を引き寄せたい」と設定してもOK

「この人が良い！」と思うことは、悪いことではありません。引き寄せ設定にしても別にかまいません。

ただ特定の人を設定すると、コントロールの意識が強くなりやすい方もいるのは事実なので、注意してくださいね。

特定の人を設定しても、「ベストな人」と設定しても、実践法は同じなんです。どう設定したら自分がワクワク、ドキドキするか、で判断してもらえばいいです。

特定の人の名前を設定し、自分の心の感覚を大事に行動しているうちに、設定した人とは別の人とつながる人もいます。

結果的に一番好きな人とつながるので、設定は好きなほうを選んでください。

「とにかく、自分が！」ループに注意

「この人でないとイヤ！」という思考に強くはまると、行動の傾向として顕著に出てくる1つのパターンがあるんですね。

それは、「自分が、自分が」になってしまいやすいということ。とにかく「自分の要求を出すことだけが先」という行動に出る、ということです。

好きな人とやりとりができる場合は、こうしてほしい！という意識のこもった

メールやLINEが増えてしまう。やりとりができないけれど、誰かに聞いてほしい場合は、時間も気にせず、聞いてくれそうな人にじゃんじゃん連絡して、気持ちを吐露する。こういうことです。

とくに相手の誕生日やバレンタインデー、クリスマスなどのシーズンイベントの際は、気持ちが強く落ちこむことも多く、やりがちです。

メッセージを送ることがいけないのではありません。問題は、「自分のことだけ」で頭でいっぱい、という状態。はっきり言いますが、これでは良い恋愛はやってきません。ますます、悪循環にはまっていくだけ。

「この人じゃないとイヤ！」という思考を送り出していても、送り出さなくても、来る人は来るし、来ない人は絶対来ません。これは必ずです。固執するぶん、労力や不要なエネルギーを使うだけなのです。

そんなときはこり固まっている自分に気づき、根気よく転換ワークを行うことで、思考をゆるめてあげましょう。

「構うほど、とどこおる」、このことを覚えておいてください。

CHAPTER 5

復縁で、前よりもっと幸せになる

To find
true love

なぜ一度、別れることになるのか

この本の冒頭で書いたとおり、宇宙は繁栄の方向へしか動かないようになっています。目の前で何かが壊れる出来事があっても、新しい、もっと良い何かがやってくるためのプロセスであることは、間違いありません。**それは、大好きな人とのお別れも、同様です。**

ただし、その出来事が起きた時点では、とてもそんなふうには思えず、人生最悪のことが起きた、と感じることも少なくありませんよね。

復縁を願うということは、相手のことがまだ好きで仕方がない、ということですね。好きなのに別れてしまった、もしくはもう無理と思って別れたけど、あとからあの人がベストだったと気づいた、というケースもあるでしょう。

復縁を願う方の恋愛成就のパターンは2つです。

1つは、前付き合っていた相手と、もう一度お付き合いし直すことになる。

もう1つは、まったく別の人と付き合うことになる。

どちらもその人にとって最高の恋愛・結婚に至るための、宇宙の導きの結果です。

復縁しない場合は、しないほうが良いパートナーと出会える、というお知らせです。

ただし、復縁を引き寄せようとしているときは、このあたりの話は受け入れられないこともあると思うので、サラッと読み流しておいてもらって大丈夫ですよ。


本題です。なぜ縁があるのに、一度別れてしまうことがあるのか。

これは、理由は1つだけです。**お互いの内面の進化が必要で、二度と離れない深い愛で結ばれるようになるための、プロセスなのです。**

お互い好きであっても、不安の投げ合い、執着のし合いっこなどのケンカ・すれ違いが続くと、いずれ関係がギクシャクしたり、歪みが生じたりします。恋愛の段階でこれだと、結婚したらたいへんですね。

だから、本当にご縁がある2人の場合、ここで宇宙がいったん間を設けることがあるのです。自分の心に向き合い、しっかりパートナーシップを結んで結婚生活を送るための、学びや気づきを得るための時間が与えられるのです。

この期間は一緒には過ごしませんが、今までいた人がいなくなったことで気づける、相手の存在の大切さがあります。

だから、あえてこんなことが起こるのだと、思ってみてください。

そのかわり会えない間、しんどい時間の間に、グンとお互いの心が成長するでしょう。そして、未来の素晴らしい関係性へ向けて、ゴーサインを出せるように進化していくはずです。

To find true love

最悪な別れ方でも、音信不通でも、つながるときはちゃんとつながる

復活愛のご相談は本当に多いです。実はこれまで私のところにいただいた恋愛相談では、1、2を争うご相談数かもしれません。

復縁についてまずお伝えしたいのは、「その人とまた戻れるかどうか、ずっと見張らなくて大丈夫」ということです。

今そばにいないからこそ、どうしているか気になったり、ひょっとして新しいパートナーがいるのかしら、など不安も出たりするかと思います。でも、そういった思考も、構いすぎないようにしましょう。

不安が出ることは仕方ないので、これはCHAPTER1の「ネガティブがあっても、エネルギーは高められる」の項目（P.28）を参考に、良いエネルギーに変えていっ

てください。

人のご縁はどういう仕組みになっているのか、全部を解説することは、私にもできません。

ただ1つだけ言えるのは、あなたとつながるご縁のある人であれば、何があってても最後は必ずつながります。一度お別れした人であっても、音信不通のブランクが何年あっても、たとえ連絡先がわからなくなっていても、どんな辛い別れ方をしたとしても、です。

裏を返せば、縁がない場合は、何をどうしても、絶対に戻りません。なので、復縁できるかどうかというテーマに、日々へばりつく作業はいらないのです。

純粋な「あなたが好き」というエネルギーだけは出していてOKですので、もしお別れした人のことを考えたい！　という場合は、「ただ好き」という意識エネルギーだけ出す、ということを心がけてみてくださいね。

To find true love

復縁は、新しい人間同士として「出会い直す」こと

復縁する場合は、不思議なことに、お互い「新しい別の人と付き合う」ような感覚があります。

一度別れたときの2人というのは、魂が進化、成長する前の2人です。このままいくとうまくかみ合わなくなるから、一度お別れさせてお互いの成長をうながすように、宇宙が導いた段階です。

お互いが自分に向き合ったり、さまざまな経験をしたりすることで、魂の成長や学びを得ると、自然に再会のご縁が来ます。この段階では、2人は見た目は以前と同じ人物なのですが、中身はもう、別人なのですね。

一から別人として出会って、もう一度恋に落ち直す、という感じでしょうか。何か

ドラマチックでもありますね。

お互い「自分が、自分が」「ほしい、ほしい」という状態から抜け出せているので、お付き合いは、すんなりと動いていきます。

「私たちは、魂の成長を終えた者同士として出会い直す」と、そんなふうに決めてみるのもいいですね。

To find true love

復縁に期限なんてない

「復縁するにあたり、期限はあると思いますか？」

「3年過ぎたら難しいとか、そういった目安はありますか？」

こんなご質問をいただいたことがあります。

お答えしますと、復縁は期限がどう、というものではないですよ。ご縁がある場合は、何年たっていても、必要な学びをへて、結び直しが起こります。


私が体験を聞かせていただいた例だけでも、いろんなパターンがあります。

お別れして比較的すぐ復縁した方から、数ヶ月、1年、3年、5年以上たってから復縁した方だっていらっしゃいます。

お互い別の人と付き合ってみて、元のパートナーがいかに大事だったか気づくというケースもあります。

お互い別の人と結婚して離婚、その後、最初の出会いから何十年もたって復縁、という例も、どこかで聞いたことがありますよ。

つまり、こんなふうに、ありとあらゆるパターンがあるということ。復縁のパターンに、決まりも制限もないのです。

とはいえ、ブランクが長いと不安が大きくなります。

1つ年をとることも、女性にとっては、気になるでしょう。いくらエネルギーレベルでのパートナーを意識はしていても、です。

「ブランクが長いとダメ」という思いに沈みそうになったら、復縁にはいろいろなパターンがあり、年数は関係ないということを、あらためて思い出してください。

たとえばこの本や私のブログにある、復縁体験のシェアを読み返すのもいいかもしれません。

ただ、復縁するのを願って、自分の今を満たすのをやめてはダメです。別れたときから、時間がピタッと止まったように過ごすことだけは、ダメ。

日々を精一杯楽しみ、できる範囲で自分を満たしてあげるうちに、必ず変化はやってきます。「私はベストパートナーとちゃんとつながる」と、いつも思考修正してくださいね。

復縁に対して何か対策をしているとワクワクする方は、たとえば恋愛パワースポットにお参りするとか、恋愛運アップのグッズを部屋に配置してみるとか、楽しんでできることはどんどんとり入れてください。自分のエネルギーアップの味方になってくれますよ。

あとは「できるだけ早く出会えたほうが嬉しいから、時期を早めてね」と、宇宙にオーダーを投げておいてもいいですね。

恋愛引き寄せ　リアル・ストーリー

CASE 4　**復縁までに時間がかかった例**（Tさんからのシェア）

復縁のご相談は多いですが、面白いことに、復縁しました、というご報告も案外、届くのです。

いただいたご報告を読んでいると、復縁というテーマには、やはりいろいろな進化や発展に向けての学びが隠れていると思わざるをえません。

✦　✦　✦

私は今、30代後半です。復縁までに3年半、かかりました。

彼から「もう一緒にやっていけない気がする」と別れを告げられて、お別れしたのが30代前半。

女性としては、結婚、出産、今後のキャリアをどうするのかなど、いろんな迷いが押し寄せてくる、すごくしんどい年齢でした。

付き合いだしてからわりと早くに、「私はいずれ結婚したいから」と伝えてはいたんです。ただ彼は、「私のことは好きだけど、結婚はまだ先のことだからわからない」という答えばかりでした。

それを聞くたびに、ますます焦っていきました。早く結婚というものがしたい、それができればまず安泰。その後のことはとりあえず、結婚してから考えるから。形が先！　こんな感じだったと思います。

もちろん、彼のことはすごく好きだったんです。でも、だからこそ結婚したいということが、彼にきちんと伝わっていませんでした。

お別れしてからしばらくは、ちょっとおかしくなっていたと思います。

街を歩いていても、彼に似た人を探したり、仲の良さそうなカップルを恨めしく思ったり、会えないことが寂しくて部屋でしょっちゅう泣いたり。

でも、半年たったころでしょうか。いつまでもこれではしょうがない、と思ったんです。

そして「もう彼は戻ってこないだろうけれど、でもまだ好き。忘れるのではなく、ちょっと気持ちの距離を置くことにしよう」という感じで、心を整理しました。

その間、恋愛本やブログをたくさん読みました。新しい出会いも悪くないかもと、婚活パーティーに行ったこともあります。デートした人もいましたが、彼ほど好きにはなれませんでした。

だからといって、状況を否定的にはとらえていませんでした。やることをやってまだ彼が好きなら、それでもいいじゃない、くらいの気持ちになってたんです。

そんなころにふと、「彼と付き合っていたとき、私は相当、彼にプレッシャーをかけていたな」と、思ったのです。

いくら好きな彼女でも、会うたびに結婚をグイグイ押してきたり、すぐそっちに話を持っていったり、そんなことをされたらイヤにもなりますよね。

私がしたらいいことは、彼との食事をただおいしい！　と、その瞬間の幸せを感じることだったのに、当時はご飯を食べながらも、「いつプロポーズさせよう……」なんて、心のなかで策略を練ってましたから。

その後、仕事や自分磨きに没頭したのが3年ほど。

彼氏もできない、というより好きな人ができない。もう男性はいいかぁ、と思ったとき、彼から連絡があったのです。それがきっかけでまた会うようになり、結果的に復縁しました。

彼は私と別れている間、別の人と付き合ったそうです。でも合わなくて、そこではじめて、私の存在の大きさに気づいたみたいです。

彼以外に好きな人ができなかったし、良いご縁がなかったので誰とも付き合いませんでしたが、もし彼以外でいいなという人ができていたら、そっちに行っていたと思います。最後はそれくらい、自由で軽やかな思考になっていました。

今はもう、未来を案じて、焦ったりしていません。彼といる時間を楽しみ、感覚を満たすことを一番に過ごしています。

前に付き合っていたときより、ずっとうまくいってます。もう離れることはないと思いますよ（笑）。

結婚も遠くないうちにやってくると思います。なんとなくそんな気がするからです。

CHAPTER 6

恋愛引き寄せを加速する！
Q&A

ここから先は、読者さんやクライアントさんからよくいただくご相談・ご質問を、6つのジャンルに分けて、具体的にお答えしました。

①出会い
②片思い
③恋人・配偶者との関係
④浮気・不倫
⑤失恋・復縁
⑥結婚

ご自身の状況に近いものはもちろん、あまり関係ないものにも、学びを得るヒントがあるかもしれません。

ぜひ、気になるところから、読み進めてくださいね。

① 出会い

♥Q 外見や収入など、自分自身の条件が良くないので、モテません……。

A

自分で自分のことを「条件が良くない」と思っている時点で、素敵な恋愛はやってきません。外見や収入は、恋愛の引き寄せができることと、因果関係はありません。人の好みがそれぞれある、というだけです。

「私は今のままでまるごと愛される。今のままで全部愛してくれる人と出会う」と決めてください。

そのうえで、もっと綺麗に見えるようにメイクや服を研究してみようかな、という気持ちが湧いてきたら、ぜひやってくださいね。

あなたに付随する条件をとやかく言うような人は、そもそもベストパートナーではありません。

♥Q どうしても、相手を条件で見てしまいます。イケメンやお金持ち以外は、恋愛対象として見ることができないのです。これはいけないことでしょうか。

✦✦A 何もいけないことではないですよ。**イケメンや美人、お金持ちを前にすると心からワクワクする、こんな人がいい！　と素直に思えるのであれば、問題ないです。**

それ以外の方には心のシャッターが下りるというのも、「好みがこれだから」という視点であれば、かまいません。

ただ、相手に対して「イケメン、美人でないと価値がない」「お金がないなんてダメ」といったような否定が心の底にあるなんてことは、ないでしょうか。一度じっくり、自分に問いかけてみてください。

もしなんらかの否定から起きてくる「自分の好み」の場合ですと、その条件で引き寄せができても、あとで関係性に歪みが生じる場合があります。

なんども書いているように、否定からは良いものは引き寄せられません。

Q

「異性を見る目がないね」とよく言われます。いつも浮気されたり、金銭面で迷惑をかけられたりしてしまいます。どうしたら、次はちゃんとした人を好きになれるでしょうか？

A

これまで、そういった辛い恋愛が多かったのですね。でもこれから新しい満ち足りた恋愛を引き寄せたいのですよね。

であれば、誰が何を言っても、参考程度に受けとってくださいね。**「異性を見る目がない」と言われたことで、「私は見る目がない」と、不要な思いこみをするのはやめるように。**

そして次に、「過去は過去。これから起きてくることと、因果関係はない」と決めてください。量子力学の理論を活用しましょう。過去から未来が創られるのではなく、未来への意識から、新しいプロセスが開くのです。

「過去の自分から脱皮します。新しい私が、新しい、満ち足りた恋愛・結婚を引き寄せます」と手帳に書いて、次の未来に意識をつなぎ続けましょう。

♥Q

今の生活は、忙しいですが、楽しくやっています。今すぐに結婚したい、という気持ちはあまりなく、良い人がいたらしたいな、というくらいです。一応、婚活パーティーや合コンには参加しています。でも気乗りはせず、そのせいか、良い出会いもありません。「今」したいことを優先するか、「将来のため」の行動を優先するか、どちらも大切だと感じるので、悩んでいます。

✦✦A

たった今ほしいことしか、すんなりと叶いません。

そして、まだ心から結婚を望んでいないのであれば、今は「とりあえず」の婚活はやめてしまって大丈夫です。

気乗りがしない、というのが最大の心のサイン。これを無視して気乗りしないことを続けていると、あなたのエネルギー自体がダウンします。すると、恋愛以外の運気も下げてしまうことになりかねません。

大事なことは、あなたが毎日満ち足りていて、ぽかぽかした心で過ごせていること。そこに恋愛があるかないかは、関係ありません。今が楽しい、ということですから、その「楽しい今」に集中しましょう。やりたいことにチャレンジしたりしていると、その流れで、良い人とつながっていくように動きますよ。

Q

婚活パーティーで会った男性に告白されました。とりあえず付き合ってみることにしたものの、3ヶ月間、嫌いではないけれど、ものすごく好きでもない状態が続いています。このまま付き合い続けて様子を見るか、別れるべきなのか、迷っています。

A

よくいただくご質問です。

こういう場合、自分への「問いかけ」を繰り返すのが、一番良いです。セルフコーチングですね。

たとえば、デートの約束をするとなったときに「今回、本当に会いたい？」

というように、問いかけます。小さな選択から聞いていくことがコツです。

そうすると、次第に「今のところ会い続けてみる」とか「もういいかな」という声が出てくるようになります。

会い続けてみる、という答えが出るとき、ひょっとしたら「恋人がいる状態をキープしておきたい」という本心が出ることもあります。

その場合は「恋人がいない状態は不安なの？」と、素直に自分に問いかけてみると、「そうだ」という感覚が湧いてくることもあります。

そういう場合はいったん相手と会うのをやめてみましょう。それでもまた会いたいな、という感覚があれば、会い続けてみてください。おそらくその間に、本心から、会い続けるか、やめるかの答えが出てきます。

このあたりは、CHAPTER3の「『一番しか選ばない練習』を積み重ねる」の項目（P.96）も参考にしてください。

♥Q

30代ですが、今まで誰かとお付き合いしたことがありません。異性に引かれてしまいそうで心配です。

A

こういう心配もありますね。でも、どんな人だってみんな最初は、誰とも付き合ったことがありません。

年齢のことも気になるかと思いますが、「そんな私を受け入れてくれる人と付き合うことになっている」と決めてください。

それに、誰とも付き合ったことがないことで引くような異性とは、ご縁は作らないほうがいいのです。

いらないご縁の引き寄せを避けるためにも、自己肯定をしっかり強化してくださいね。

② 片思い

♥Q いつも恋人や配偶者がいる人を好きになってしまいます。ここから抜け出すには、どういうふうに意識を変えたらいいでしょうか。

✦✦A いつも同じパターンの恋愛をしてしまう方には、必ず心に特定の思いこみが隠れています。

もしこのパターンがイヤなのであれば、「こういう恋愛はもうしない」と、まずシンプルに決意すること。自分に対して、しっかり宣言します。

「気づくといつも相手のいる人を好きになる」という場合は、「私は一番でなくてもいい」「私には一番になるほどの価値がない」という否定が隠れていることがあるので、自分はそういったことはないか、心の内を確かめてみてください。

Q

彼のことが好きすぎて、なかなか彼の前で素が出せません。それに、彼の行動に一喜一憂してしまい、辛いです。

A

ズバリ！　相手の顔色をうかがってしまうというのは、真の愛の形ではないんですね。

好きだからこそ嫌われたくない、という気持ちが自動的に湧いてくるとは思います。でも、言いたいことを言わなかったり、良いように見せようと無理をしたりしているなら、それはあなたの本来の姿ではありません。

ここから先のお話は、次のような方にも、参考になると思います。

・相手の予定や気分に振り回されてしまう
・自分の希望は言えない
・必要以上につくしてしまう

たとえば予定について、大人になると、時間の予定が合わないことなんてよくあります。そこを「合わせることが愛」と思っていると、だんだんガマンが重なって、苦しくなってしまいます。

結論から言うと、あなたのありのままを受け入れない人は、ベストパートナーではないということです。

なので、逆に相手がベストパートナーかどうかを見極めるためにも、できないことはできないと、はっきり伝えてみましょう。彼の時間や行動に合わせられないときは「合わせたいけど、できないの。ごめんね」と、正直に話せばいいのです。

あなたが誠意をもって伝えたことを受けとらない、あるいは、自分の都合だけでなんやかんやと言うような相手でしたら、ベストパートナーではありません。

もちろん、自分の気持ちを正直に伝えるというのは、言いたい放題言うのとは違いますから、わがままではありません。素直に、ありのままを伝えるということです。

「相手のことを思いやって、素直に自分を出してみる」、これを試してみてください。

♥Q

好きな人がいますが、食事に誘っても断られてばかりで、向こうからの連絡もありません。

この状況を「脈なし」ととらえるかどうか、悩んでいます。引き寄せの法則からすると「脈なしと思えば脈なしになってしまう」のかなと思いつつ、アプローチを続行するのもしつこい気がします……。

A

相手の気持ちがはっきりしない場合の、恋の引き際に関するご質問ですね。

まず、恋愛の引き際はここで決めましょう、という基準はありません。なので、ご自身が諦めたくないのであれば、諦める必要はありません。

ただ現状として、食事に誘っても断られる、向こうから連絡がない、ということが続いているのであれば、いったん自分自身と向き合うことに重点を戻したほうがいいですね。

「脈ありかなしか」は、これも判断基準が決まってるわけではありません。ひょっとしたら忙しすぎるのかもしれないですし、決定打は、相手の心のなかにしかありません。

脈がない、と不安に思いすぎることで自分のエネルギーを下げてしまわないことも大切です。

執着から来るものでなければ、「彼と仲良くなる」とか「もっと距離を縮める」などの設定もしておいて大丈夫ですよ。

♥Q

好きな人のSNS（ブログやTwitter、Facebookなど）のチェックがやめられません。「これは誰と出かけているのかな」とか「彼の周りは可愛い子ばっかり……」とか、マイナスな情報ばかり目について、落

A

ちこんでしまいます。

どれだけ好きな相手でも、プライベートのすべてを知りつくし、管理することはできません。

これは結婚したとしても同じこと。相手には相手の世界があります。自分にもあるのと同じことです。

それに、もしあなたが彼の立場だったらどうか、考えてみてください。SNSを常に誰かに見張られていたら、ちょっとイヤだなと感じませんか？

それから、「彼の周りに可愛い子がいる＝彼がその子と付き合うかも」と結びつけるから、落ちこむんですよね。これは彼の問題ではなく、あなたの思考の癖の問題。だからここを変えていかないと、たとえ付き合っても、結婚しても同様の苦しみはついて回ります。

見ても気にしない練習をするか、必要ないものはむやみに見に行かない練習

をするか、のどちらかです。

パートナーの携帯を覗いてしまう、という方もいますね。これも、「相手を信頼していない」という点では同じです。

携帯を覗いても覗かなくても、わかる事実は、必ず表に上がってきます。覗くという行動は徒労にすぎません。

相手を信頼しない＝相手からも信頼されないという引き寄せも起こしていくことになるので、CHAPTER4の「どうしても執着が気になるときの『エネルギー転換ワーク』」（P.125）にも戻ってみてください。

♥Q

好きな人と食事に行った際、流れで、体の関係を持ちました。それ以来、友達以上恋人未満のような関係になっています。

一度、ちゃんと付き合いたいという話はしましたが、「今はこの関係がちょうどいい」と、断られてしまいました。

まだ好きな気持ちはあるし、会えることは会えるので、このままこの関係を続けるべきか、迷っています。

✦✦A

「あなたはちゃんと付き合いたいのに、相手は今、それを望まない」という答えが、現時点で出ていますね。それを受けて、どう感じるか？　を、自分に問いかけてみてください。モヤモヤはありませんか？
ベストなパートナーシップには必ず、相手を思いやる気持ちが存在します。彼から「あなたを思いやる、あたたかいエネルギー」を 感じないようであれば、いったん彼と距離を置いて、様子を見たほうが良さそうです。

3 恋人・配偶者との関係

♥Q

彼が忙しくて、なかなか会うことができません。ただ、無理はさせたくないので、モヤモヤしています。

✦✦A

仕事なりプライベートの充実なり、今の時代は忙しく生活する人が増え、なかなか会えないという悩みを抱える人は多いです。

ただし「会いたい」という素直な気持ちは、ちゃんと伝えたらいいのですよ。**良い恋愛も結婚も、素直なコミュニケーションが土台になってこそ、きちんと構築されます。**

さみしいのに、さみしいと言えない。会いたいのに、会いたいと言えない。そんなガマンばかりでは、だんだん追いこまれていきますよね。

会いたいけど、今回は言わないで見守ってみようかな、と感じるなら、そのときはそうしてください。

相手の忙しさやタイミングもありますから、相手がどう返答してくるかは、相手におまかせする。起きてきた流れを、いったん受けとる。これを繰り返し、練習していきましょう。

たとえば「仕事が忙しすぎて、会う時間が作りにくい」と言われたとして、「私のことがあまり好きじゃなくなったのかな」とか「別に誰か気になる人がいるんじゃ……」という思考になる方が、とても多い気がします。こういう思考が出てきたら、練習です！

「ゆっくり会えないくらい、今は忙しいんだな」「良いタイミングで、楽しくデートする時間がとれる！　と決め直そう」、こんな感じでとらえてみてくださいね。

相手から連絡をもらって、嬉しいのに、本当に忙しくて返信すらできないことって、案外あるんですすね。私もあります。中途半端に返信しても良くないから、時間がきちんとできたときに返信しようと思って、すぐしないことだってあるんです。

自分でもこういうことがあるのに、相手にされると、なぜか「私のこと、嫌いなのかしら」と思ってしまうのは、人の思考の癖の面白いところだと思います。ゆったりと構えましょうね。

Q 好きで付き合っているはずなのに、いつもケンカばかりしてしまいます。

A 相手にもっとこうしてほしい、という思いが深いところに隠れていると、ケンカになりやすいです。与えるよりもらいたい、が多いときですね。

ケンカになるということは、お互いの思いがすれ違っている、ということです。相手が言ったことを、そっか、そう思うのねと、いったん受けとる練習を続けてみましょう。

まずは、相手を受け入れる。もし思いがずれたら、素直に、正直に、真摯に伝える。この繰り返しだけで、きっとケンカは減りますよ。

④ 浮気・不倫

Q 浮気されている気がして、不安です。こんなときの気持ちの整理の仕方について、アドバイスをお願いします。

A

なぜ浮気されている気がするのかによります。

証拠らしきものを見つけてしまったのでしたら、正直に聞いてみましょう。

聞きたいことがあれば素直に聞いてみる。

こういう言葉を返して！ という期待を過剰にしない。

ここは練習です。**人間関係を深めるということは、コントロールを手放す練習でもあるのです。**


実態がなくても、いつも相手を疑ってしまうという場合は、ご自身の内側を見る必要があります。

こういう感情が湧いてくる根元には「自分には愛される価値がない」という思いこみがくっついている場合があるのです。

愛される自信があると、変な話、「万が一彼が浮気しても、私が良くて戻ってくるわ」と思える人もいますので。

ぜひ、自分に「好かれてる自信がないの？」と聞いてみてください。「もっとゆったりと愛されたいな……」という声が出てくるかもしれませんね。

そんなときは、「私は大好きな人に、心から愛される価値がある」というような、肯定感を高める言葉をつぶやいてみてくださいね。

♥Q

恋人がいるのに、別の人のことが気になってしまいます。そんな自分に、自己嫌悪が止まりません。

✦A

何も、自己嫌悪におちいる必要はありません。

これ、すごく大切なサインが、内側から届けられているのですよ。

恋人と呼べる人がいるのに、違う人に気持ちのエネルギーが向いている。これは、今の彼とのことに、何かしっくりこない思いがあるか、本心が違うところにあるか、などが考えられます。

この場合も、セルフコーチングが役に立ちます。

「なぜ恋人より、別の人が気になるの？」

「あの人のどこが、気になるの？」

「あの人と今、どうなりたいと思っているの？」

こんな感じで心の声を拾うように聞いてみて、さらにノートに書き出してみてください。ザーッと、箇条書きでかまいません。

心の声が出つくしたあと、全体を見てみると、何か気づくことがあるはずです。本当は別の人のほうが好きになっていたのか、今の彼にもっとこうなってほしい……という期待があるのに、そうなっていないから、別の人に気持ちがゆれているのか。

それらを冷静に、平たく見たときに「じゃあ私は、どうしたいのか？」という質問を、再度自分に投げかけてみてください。必ず答えが出ます。

♥Q

自分が浮気相手とわかったうえで付き合っています。やめたほうがいいと、頭ではわかっているのですが、なかなかやめられません。

✦✦A

宇宙的視点から見たら、不倫だからいけないとは、一概に言えないことがあります。不倫の相手として出会った人が、魂の成長に必要な相手ということもあるからです。

ただ、不倫を楽しんでいるような相手とばかり縁ができる場合は、ご自身の内側に、自己否定や、恋愛に対する特定の思いこみが隠れているはずです。「こういう恋愛でも仕方ない」「私には、このくらいでちょうどいい」など。

まずは、「不倫がやめられない理由は何？」と、自分に問いかけてください。「本当にこの人が好きだから」なのか、「この状況でもいいから、誰かにそばにいてほしい」なのか、また違う答えが出てくるのか。

どういう答えが出てくるかはわかりませんが、自分の本当の願いと違う方向へ、ズルズルと現実が流れるようであれば、いったん関係を断(た)ってしまいましょう。

そして、「もうこういう恋愛はしない」と、腹をくくる必要がありそうです。

いずれにせよ、人に言えない恋に苦しんでいる方は、「この体験を通じて、私は進化する」「どう転んでも、ベストなパートナーと最後はつながる」と、決めてみてください。

5 失恋・復縁

♥Q 復縁したい相手に、新しい恋人ができてしまいそうで、とても辛いです。どういうふうに思考を持っていけばいいのでしょうか。

A ちょっと勇気がいるとは思いますが、流れをいったん見守ってみましょう。新しい恋人ができることを阻止しようとしたり、「くっつかないでー！」という執着のエネルギーを相手にとばしたりだけは、しないように。

これも復縁のとらえ方の基本に戻ってもらいたいのですが、仮に彼が誰かと付き合っても、あなたが本当のパートナーであるならば、何があってもまたご縁ができてきます。

♥Q

「復縁＝新しい自分になって相手と出会い直すこと」だと学びました。でも、どのくらい変われば「新しい自分」になれたということになるのか、わかりません。

A

どのくらい、をはかる絶対的な尺度は、宇宙に存在していません。あくまで自分が「ヨシ」と感じた瞬間がそれである、としか言えません。

それよりも気をつけておくことは、「新しい自分にならないとダメ、復縁できない」という思いこみを持ってしまうこと。「これくらい」なんて決まりはないんです。

自分に素直に、内側を満たして生き続けていると、「あ、私なんか変わってきた」という感覚が自然に芽生えてきます。それがタイミングといえばタイミングでしょう。

やはり大事なことは、外の尺度ではなく、自分の内側、心の感覚なんですね。

6 結婚

Q

結婚願望があるのですが、結婚願望のない彼と付き合っています。できれば彼と結婚したいのですが、何かできることはありますか？

A

これも、本当に多いケースです。

1つ言えることは、「人は変わる」ということです。

私自身、「結婚しない」と言って回っていた男性が、彼女とポッと急に結婚したという例を多々、見ています。

恋人として意識をどう使うかですが、1つは「コントロールを手放すこと」。CHAPTER4で詳しく書いているので、そこを再度読み直してみてください。

ただ、「この人と結婚したい、する」という意識は持っていていてOKですし、そう決めても大丈夫です。

もう1つは、「今まで以上に、2人の関係にひたる」ということ。ここに集中してみてください。今まで以上に仲良く過ごす、という感じです。すると意外に変化が早かったりしますよ。

北風と太陽の寓話をご存知でしょうか？　北風と太陽が、旅人のコートを脱がせようと勝負をするお話です。

北風は、強い風を吹きつけました。しかし、旅人は服をしっかり押さえてしまい、効果がありません。一方の太陽は、ポカポカあたたかく旅人を照らしました。すると旅人は、なんと自分からコートを脱いだのです。北風のように、外から強い力をかけることは、相手をますます、かたくなにします。ただただ、満ち足りた気持ちでお過ごしください。

Q

両親に結婚を反対されています。このまま押しきるべきか、別れて周囲から祝福される相手を探すべきか、迷っています。

A

祝福されて結婚したいというのは、誰もが思うことでしょう。しかし結婚するのはあなたです。親ではありません。自分の心に正直に生きたとき、反対されているからと別れることを選択できるかどうかです。本当に好きなのに別れられるなら、本気の好きではないのかもしれません。

なぜ親に反対されるか、という部分にもよりますが、親との価値観の違いなどで反対されているような場合は、いったん「違いもヨシ」としましょう。そして、「必ず円満に収束する」と、決めてください。けっして、彼と付き合い続けていることを否定しないように。

もし反対されて、やめたほうがいい気がする場合は、相手に何かひっかかるものを感じていて、それが現象化している場合もあります。どちらにしても、自分がどうしたいかを徹底的に掘り下げることで、解決します。

「周囲とは常に円満である」と決めておくのも、とても良いことですよ。

SPECIAL CHAPTER

波動を上げる！アファメーション

ここでは、満ち足りた恋愛・結婚を引き寄せるにあたってサポートになりそうなアファメーションをご紹介します！

アファメーションとは、エネルギーを上げる言葉を、自分自身に語りかけることです。つぶやいたり、書いたりすることでワクワクするアファメーション用の言葉があると、波動が上がり、引き寄せのスピードが加速します。

そのまま使っていただいてもＯＫですし、ご自身がグッとくる表現にアレンジしてみていただいても、素敵ですね。

1 この人生で私が一番好きになれる人とつながる！

今の体での人生は一度きり。今、パートナーがいない方も、復縁したい方も、付き合っている相手と結婚に進みたい方も、とにかく「この人生で一番」の人とつながる、という引き寄せ設定にしておけば、どう転んでも大丈夫です。これから起きてくるプロセスすべてに、活用できますよ。

2 あなた（彼、彼女）が私のパワースポット

これは、私のクライアントさんの言葉です。

彼女の旦那さんは、どんなときでも、彼女を全面的に受け入れてくれるんだそうです。たとえ彼女が自分自身を否定してしまうときでも、です。ありがたすぎて、夫を拝んでしまう、とおっしゃっていました。

3 良い縁に気に入られる自分になる

良い恋愛・結婚の運気を自分の世界に引きこむには、宇宙のエネルギーに愛されることが大事です。

良い縁を引き寄せる、というのもアリですが、勝手に良縁が寄ってくるような自分になっているという設定も、とてもパワフルで良いですね。

4 魂のつながり婚をする！

本文でも触れてきたように、今は肉体年齢ではなく、魂（エネルギー）でぴったり合うパートナーとつながることで、一番幸せになれます。

年の差カップルや、一見、結婚をするには難しい条件があるなと感じている方への、ブロックはずしのアファメーションになります。

恋愛・結婚はエネルギーレベルで意図して感じていくようにすると、外の力に影響されない軸を作ることができるようになります。

5 空間から彼氏（彼女）が出る！

「お金が空間から出る」というアファメーションが大人気なので、これをパートナーシップにも応用しました。

空間とは、量子力学におけるゼロポイント（これからすべてが生まれるというエネルギーの満ちた場所）をイメージしています。

三次元にはタイムラグ（時間差）がありますが、いきなり空間からほしいものがポンと出る！　くらいに決めておくのがいいのです。

To find
true love

おわりに
恋愛・結婚は、人が愛そのものであることの実践です

ここまでお読みいただき、ありがとうございました。

自分以外の誰かとパートナーシップを結ぶということは、ときとして、自由にならない時間や状況を生みます。長い人生、自分のことのように、相手の辛い状況を共有しないとならないこともあるかもしれません。

でもそれが、人としての愛の実践そのものです。いろんな出来事をとおして、「本当にこの人とつながってよかった」と体感しながら、愛を深めていくのが人間です。

だからこそ、躊躇(ちゅうちょ)なく、心から好きと言える、自分があまり見せたくない部分ですら「それでいいよ」と包んでくれる、そんな人とつながることが大事です。本当に好

きな人となら、越えられない壁はありません。

最初に書いたように、宇宙の導きは、全部が幸せになるように起きてきます。

もし今、何かが壊れた状態や、ないという状態にある方も、新しいものが生まれてくるスタンバイ状態に入ったということなので、心配しないでくださいね。


最後に、「自分自身が、愛のエネルギーそのものである」というアファメーションをお伝えします。

この言葉をときどき思い出していただき、「楽しい愛の実践を進めていきます」と、自分に宣言してください。

この宇宙へのオーダーの言葉どおり、素敵なプロセスがやがてはじまります。

自分のエネルギーが良くなった状態で出会う人こそが、復縁であっても、新しい人であってもベストパートナーです。

ベストパートナーを見分けるコツは、そのときの自分のエネルギー状態。

いつも創造の元は自分の内側であることに自信を持って、愛で生きることを実践なさってくださいね。いつも応援しています。

MACO

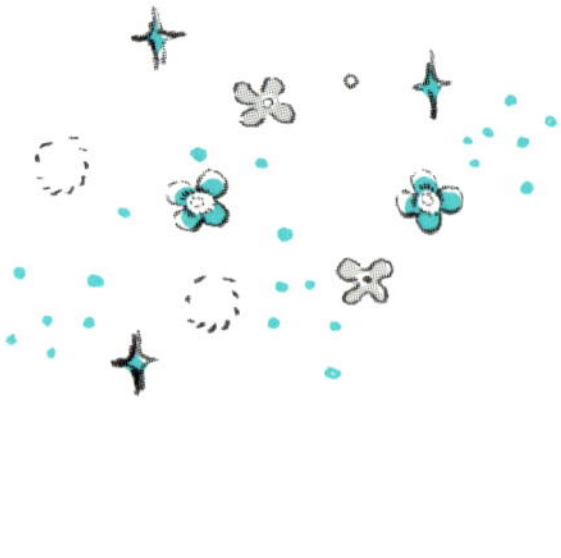

MACO

（まこ）

引き寄せ実践法アドバイザー・メンタルコーチ

1970年生まれ。20代のころから成功哲学を学びはじめ、思考の現実化について探求し続けるが、何一つ願いは叶わなかった。

引き寄せの法則については、これで叶わなかったら心の探究はもう終わりにしようと思いながら学びはじめたところ、ネガティブ思考の強かった自分自身にしっくりくるやり方を見つけ、そこから急に、現実が開けていく体験をする。

探求心旺盛で、これまで合計３つの大学・大学院を修了したほか、脳科学、NLPコーチング、各種セラピーなどの学びも修める。

現在は、引き寄せ実践法アドバイザー・メンタルコーチとして活動中。セミナー、講座は即日満席、予約がとれないほどの人気ぶり。ブログでは、日常に活きる、心が楽になるヒントを発信し、毎日多くのファンが訪れる。

著書に『ネガティブがあっても引き寄せは叶う！』(大和書房)、『ネガティブでも叶うすごい「お願い」』(KADOKAWA)、『ネガティブな人のための引き寄せワークブック』(宝島社)、『ネガティブでも手帳にこう書くと宇宙が願いを叶え出す』(永岡書店)、『答えはあなたの中にある』(かんき出版)、『「お金」のイメチェン』(マガジンハウス)がある。

デザイン　bitter design

イラスト　利光春華

ＤＴＰ　ＮＯＡＨ

校正　鴎来堂

編集　寺門侑香（WAVE出版）

ネガティブ思考があっても最高の恋愛・結婚を叶える方法

執着心ですら引き寄せ力に変えられる！

2017年9月29日 第1版第1刷発行

著　者　MACO

発行者　玉越直人

発行所　WAVE出版

〒102-0074　東京都千代田区九段南3-9-12

TEL：03-3261-3713　FAX：03-3261-3823

振替：00100-7-366376

E-mail：info@wave-publishers.co.jp

http://www.wave-publishers.co.jp

印刷・製本　シナノパブリッシングプレス

©MACO 2017 Printed in Japan

落丁・乱丁本は送料小社負担にてお取り替え致します。

本書の無断複写・複製・転載を禁じます。

NDC159　191p　19cm

ISBN 978-4-86621-058-2